UNE COLLECTION D'ÉPANOUISSEMENT INTÉRIEUR
**Dirigée par Anne Ducrocq**

On naît, on grandit, on vit, on prend des coups, on s'étonne. On esquive, on mûrit, on guérit, on avance. Et parce que la vie est la vie et qu'elle nous veut du bien, on rencontre sur le chemin des livres de sagesse et d'épanouissement intérieur: on y apprend à respirer avec le cœur; la vie s'y faufile, vaste et libre, toujours en train de commencer.
Car il ne suffit pas d'être né, il faut renaître à l'essentiel.

Des histoires personnelles aux expériences universelles, de la foi au combat spirituel, des épreuves à l'amour, des blessures à la fin de vie,

tout est à vivre.

A. D.

Né en 1960, Patrice Gourrier a été éditeur avant de devenir prêtre et psychologue clinicien. Il est l'auteur d'une quinzaine d'ouvrages. Depuis 2014, au sein du diocèse de Poitiers, il développe et coordonne un pôle de méditation et de développement personnel et spirituel (www.gourrier-meditation.fr). À ce titre, il a participé à l'ouvrage de Christophe André, *Méditez avec nous* (Odile Jacob, 2017).

Avec Jérôme Desbouchages, infirmier dans un centre médico-psychologique et relaxothérapeute, Patrice Gourrier ont fondé un mouvement spirituel, Talitha Koum, qui prend en compte toutes les dimensions de la personne. Ils ont publié ensemble l'ouvrage *Talitha Koum : éveille la source qui est en toi* (Desclée de Brouwer, 2001).

Père Patrice Gourrier

Jérôme Desbouchages

# 40 JOURS AVEC MAURICE ZUNDEL ET LES PÈRES DU DÉSERT

## Un chemin de croissance humaine et spirituelle

*Presses de la Renaissance*

TEXTE INTÉGRAL

ISBN 978-2-7578-6762-4
(ISBN 978-2-7509-0474-6, 1re édition)

# INTRODUCTION

Comme moi, vous avez sans doute fait l'expérience de ces paroles, de ces ouvrages, de ces rencontres qui marquent à jamais l'existence et qui font qu'après plus rien ne peut être comme avant.

C'est de cela que j'aimerais vous entretenir au début de cet ouvrage, car si ma rencontre avec les Pères du désert a été le fruit du *hasard*, elle a non seulement transformé mon existence mais elle m'a sauvé la vie[1].

C'est donc *par hasard* qu'en 1999 je suis tombé sur un ouvrage intitulé *Philocalie*, ce qui signifie en grec « amour de la beauté ». J'y découvris des textes d'auteurs chrétiens des premiers siècles, dont on ne m'avait jamais parlé durant ma formation de prêtre.

1. Ne dit-on pas, attribuant, à tort ou à raison, cette phrase à Einstein, que « le hasard, c'est l'habit que prend Dieu quand il veut passer inaperçu » ? En ce qui me concerne, et même si cela peut apparaître un peu désuet, je préfère au mot « hasard » le mot « Providence ».

Dès lors, Évagre le Pontique, Diadoque de Photicée, Théodore d'Édesse et bien d'autres devinrent mes compagnons de route et je pris l'habitude de cheminer régulièrement avec eux.

Grâce à leurs écrits, je découvris notamment ce que l'on appelle la « prière de Jésus », encore appelée « prière du cœur ». Cette manière de prier me séduisit tout de suite par sa souplesse. Elle consiste tout simplement à dire le plus souvent possible dans la journée : « Seigneur Jésus, viens à mon aide[1]. »

Pour moi qui ai toujours été fasciné par le Christ, pouvoir prier ainsi, en lien avec lui, n'importe où et n'importe quand, constitua une véritable révélation. Cette prière devint ainsi, tout naturellement, une prière quotidienne qui, s'ancrant dans ma vie, ancra ma vie.

Mais cette nouvelle source d'enrichissement ne s'arrêta pas là. Les Pères du désert[2] sont, en effet, des êtres étonnants. Totalement habités par Dieu, ils poussent sans cesse leurs interlocuteurs à aller plus

1. Pour mieux connaître cette prière, je vous invite à lire *Récit d'un pélerin russe*, un ouvrage dont on ne connaît pas l'auteur, ou *Talitha koum ! Éveille la source qui est en toi*, écrit par moi-même et Jérôme Desbouchages aux éditions Desclée de Brouwer.

2. Il s'agit d'hommes qui, dès le IIe siècle, ont souhaité se retirer dans les déserts d'Égypte et de Gaza afin d'y méditer la Parole de Dieu. Peu connus des chrétiens occidentaux, ils le sont plus dans l'Orient chrétien.

loin. Ainsi, un jour, feuilletant un nouvel ouvrage où l'on parlait d'Évagre, une de ses paroles m'interpella avec force :

> « Abba Évagre enseignait qu'abba Macaire avait dit : “Il faut que le moine se tienne toujours prêt, comme s'il devait mourir le lendemain, et inversement, qu'il use de son corps comme s'il devait vivre avec lui de nombreuses années.” »

Cette parole, je ne vous le cache pas, me révolta dans un premier temps.

Comment vivre en effet en pensant quotidiennement à la mort ?

J'avais 39 ans à l'époque, et même si la perspective de franchir les 40 ans me perturbait un peu, je n'envisageais pas pour autant l'idée d'une mort prochaine !

L'avenir m'était ouvert, l'horizon était dégagé, j'allais devenir prêtre !

Pourtant, quelques mois plus tard, ma vie bascula. Inquiet de franchir la quarantaine, j'avais, en effet, souhaité entreprendre un bilan de santé. L'un des examens vira au cauchemar et je me retrouvai du jour au lendemain dans une chambre d'hôpital, le corps déformé par la douleur. Après une nuit de souffrance, je fus informé par un interne au matin que « l'issue de la journée allait *sans doute* être fatale »…

Cette nouvelle ne m'étonna pas. Je sentais depuis plusieurs heures que mon corps m'échappait, le souffle de vie qui l'animait diminuant peu à peu. Conscient de ce qui arrivait, je réussis à joindre ma famille afin de lui dire adieu, avant de me laisser glisser, habité presque « contre » ma volonté par la prière du cœur…

« Seigneur Jésus, viens à mon aide… Seigneur Jésus, viens à mon aide… » Puis, je fermai les yeux.

De nombreuses heures plus tard, une infirmière qui guettait mon réveil me dit : « Vous n'êtes pas mort… »

Commença alors une lente remontée, scandée chaque jour par la prière du cœur.

Avec elle, je passai des nuits blanches, souffrant trop pour dormir. Elle m'apportait alors une douceur et une suavité qu'aucun médicament, même la morphine, ne pouvait me donner.

Avec elle, je commençai après plusieurs semaines à sortir de mon lit et à faire quelques pas dans ma chambre.

Avec elle, je partis un jour dans le couloir, ajoutant chaque jour quelques pas, comme un explorateur découvrant un nouveau continent.

Avec elle, je réussis deux mois plus tard, jour pour jour, à être ordonné prêtre « pour le service de Dieu et des hommes », après une longue convalescence chez des religieuses augustines de Bonneuil-Matours.

Je compris alors, l'ayant expérimentée dans ma chair, la parole d'Évagre le Pontique qui m'avait été donnée quelques mois avant mon hospitalisation.

Oui, il est important de veiller sur son corps et de tout faire pour qu'il nous soutienne le plus longtemps possible dans les meilleures conditions.

Oui, ce corps, beau ou laid, bien portant ou malade, est le temple de l'Esprit-Saint, comme l'écrit saint Paul dans l'une de ses lettres.

Mais il n'en demeure pas moins important de ne pas oublier que nous sommes mortels.

Depuis cet « accident », je pense tous les jours à la mort et je vis chaque journée comme si c'était la dernière. Loin d'être démotivant, cela m'incite à mieux vivre chaque minute, à ne plus accepter de perdre du temps, me consacrant désormais à ce que j'estime être l'essentiel.

Le temps est, en effet, un bien précieux. C'est même le bien le plus précieux que nous ayons car rien ne l'achète.

Vous comprenez certainement mieux maintenant la raison pour laquelle j'ai écrit plus haut que les Pères du désert ont non seulement transformé mon existence, mais qu'ils m'ont sauvé la vie.

Grâce à eux, je vis plus intensément chaque jour, chaque rencontre…

Si j'ai tenu à vous faire partager ce moment important de mon existence, c'est pour souligner avec force que les questions abordées dans cet ouvrage sont des questions vitales qui nous concernent tous.

En effet, que ce soit dans mon ministère de prêtre ou dans mon activité de psychologue clinicien, je rencontre tous les jours des hommes et des femmes qui cherchent comment tenir debout et comment surmonter le tragique de l'existence auquel ils/elles sont confronté(e)s.

À leurs attentes, je suis plus que jamais persuadé que la Parole de Dieu, Jésus lui-même, peut répondre.

C'est animé par cette conviction que j'ai rédigé cet ouvrage.

Nous ne pourrons, en effet, transformer le monde et le rendre meilleur que si, dans le même temps, nous nous laissons transformer par le Christ.

Avec patience et douceur, comme le disait saint Ambroise, il nous guide et nous ouvre le Chemin de la Vie, de la Vérité détenue par lui seul.

Sur cette route, il nous appelle à grandir et à croître humainement et spirituellement, les deux étant à mes yeux totalement liés depuis que Dieu s'est fait Homme.

Alors, avec l'amicale complicité de Jérôme Desbouchages, qui a réalisé la rubrique « Pour aller plus loin… », je vous propose dans les pages qui vont suivre un chemin de croissance humaine et spirituelle.

Sur ce chemin, et de manière tout à fait complémentaire, nous cheminerons avec les Pères du désert, cités plus haut, et Maurice Zundel[1]. Si, de son vivant, la notoriété de celui-ci était déjà réelle, ce n'est qu'après sa mort qu'il devint aux yeux de beaucoup un véritable mystique.

Avec lui, j'ai trouvé l'oxygène qui me manquait parfois en lisant des ouvrages de théologie…

Avec lui, j'ai compris que ce qui n'était pas humain ne pouvait être divin, et que tout ce qui blesse l'Homme blesse Dieu.

C'est donc en compagnie d'hommes ayant vécu à plus de mille cinq cents ans d'intervalle que je vous propose aujourd'hui ces *40 jours avec Maurice Zundel et les Pères du désert*, pour croître et grandir humainement et spirituellement.

Certains diront que « croître » et « grandir » recouvrent les mêmes réalités. Je les encourage donc à reprendre leurs dictionnaires car il n'en est rien. Dans croître, il y a l'idée de naissance. Et ce n'est qu'après être né que nous pouvons grandir…

1. Mystique chrétien du XXe siècle (1897-1975), le père Maurice Zundel a beaucoup souffert durant sa vie de l'ostracisme de ses confrères et du regard méfiant d'une partie de la hiérarchie catholique. Grâce notamment au père de Boissière, qui a consacré sa vie à rassembler ses textes, il est désormais connu et apprécié du grand public.

Ce parcours constitue donc une invitation à naître et renaître sans cesse pour grandir à la suite du Christ.

Il s'agit d'une question vitale.

Alors, bonne route !

*Père Patrice Gourrier*

# INDICATIONS PRÉALABLES AVANT DE SE METTRE EN ROUTE

Nous vous proposons dans cet ouvrage un chemin de croissance humaine et spirituelle à lire dès que vous ressentirez le besoin de « faire une cure spirituelle » afin de continuer la route…

S'il peut être lu durant le Carême, c'est *à tout moment de l'année* que cet ouvrage peut constituer un soutien dans un cheminement spirituel. En effet, le chiffre de quarante n'a pas été choisi au hasard. Il est très symbolique dans la Bible, que ce soit dans le premier ou le second Testament. Ainsi, l'alliance avec Noé suit les quarante jours du Déluge, les Hébreux errent pendant quarante ans avant d'arriver en Terre promise, et Jésus est tenté par le démon pendant quarante jours dans le désert. Quarante est donc le chiffre de l'attente, de la préparation, de l'épreuve[1].

1. Pour en savoir plus, voir Patrice Gourrier, *40 jours pour faire fondre nos « graisses spirituelles »*, Desclée de Brouwer, 2001.

Notons au passage, car c'est important, que le Carême, contrairement aux idées reçues, ne constitue en rien une période triste et frustrante. Nous sommes au contraire incités durant celui-ci à vivre intensément de la Bonne Nouvelle. Pour cela, Évagre le Pontique nous invite à nous détacher de ce qui nous sépare de Dieu, nous libérant de ce qu'il appelle les « graisses spirituelles », ces « graisses » étant selon lui « l'épaisseur que le mal fait prendre à l'intelligence ».

Mais c'est *à tout moment de l'année*[1] que nous sommes invités à nous débarrasser de ces « graisses spirituelles » qui nous alourdissent et nous freinent dans notre croissance humaine et spirituelle.

Sachez simplement, si vous choisissez d'utiliser cet ouvrage durant le Carême, que le premier jour correspond au mercredi des Cendres, et que le quarantième correspond au dimanche des Rameaux.

Mais, répétons-le, c'est à tout moment de l'année que vous pouvez en entreprendre la lecture. C'est pourquoi cet ouvrage est conçu de manière pédagogique et vous propose une progression tout en douceur.

1. Sachez simplement, si vous choisissez d'utiliser cet ouvrage durant le Carême, que le jour 1 correspond au mercredi des Cendres, et que le jour 40 correspond au dimanche des Rameaux.

Afin de scander le temps, nous avons choisi de vous proposer majoritairement des sentences des Pères du désert et, ponctuellement (le samedi et le dimanche durant le Carême), des citations de Maurice Zundel à méditer.

Dans tous les cas, nous vous invitons à essayer de lire cet ouvrage régulièrement, en prenant votre temps.

Chaque journée se décompose comme suit :

– Une parole des Pères du désert ou de Maurice Zundel.

– Des questions pour intérioriser ces paroles avec le corps, le cœur et l'intelligence, comme proposé page 19. Pour en profiter au maximum, nous vous conseillons de prendre un cahier et d'y inscrire au jour le jour ce que vous inspirent les questions posées.

– La rubrique « Quelques mots pour la route... », à lire après avoir pris le temps de vivre en profondeur l'étape précédente.

– Des pistes « pour aller plus loin... » au cœur du quotidien.

Cet ouvrage constitue une proposition. Il s'inscrit dans un ensemble et ne saurait se suffire à lui-même.

Prenez donc quotidiennement le temps de vous asseoir, de prier, de méditer.

Reprenez contact avec les sacrements. Ils ne constituent en rien des rites mais ils sont là pour vous aider à croître et à grandir dans la connaissance de Dieu.

Et surtout, comme nous y invite Cervantès, « laissez du temps au temps… ».

## À UTILISER APRÈS LA LECTURE DE CHAQUE SENTENCE DES PÈRES DU DÉSERT

Ce qui compte dans cet ouvrage, ce ne sont ni les commentaires ni les pistes de réflexion que nous allons vous proposer.

Ce qui compte, c'est de tout faire pour favoriser votre rencontre personnelle avec Jésus.

Pour cela, nous vous invitons à suivre le cheminement page suivante *après* avoir lu chaque sentence et *avant* de lire les commentaires ou les pistes proposés.

En effet, si vous faites l'économie de cette étape, si vous faites l'économie de ce cheminement personnel avec Jésus, vous risquez de rester à la surface de vous-même.

C'est de ce cheminement personnel, de ce cœur à cœur avec Jésus que dépend votre croissance humaine et spirituelle.

C'est pourquoi nous vous proposons de glisser dans cet ouvrage une image représentant le Christ afin de bien percevoir que c'est avec lui et à sa suite que vous entreprenez ce parcours.

Vous le savez, les images, les icônes, les statues ne constituent pas une fin en soi mais elles sont pour nous « passeurs de lumière ».

Laissons cette lumière nous envahir et jaillir dans nos vies.

## Cheminement

Dans un premier temps, lisez mentalement la parole du Père du désert qui vous est proposée.

Fermez les yeux et laissez-la résonner en vous.

Puis, les yeux grands ouverts, relisez-la à haute voix, en prenant votre temps.

Si vous en ressentez le besoin, n'hésitez pas à l'écrire dans un cahier.

C'est à vous qu'aujourd'hui elle est adressée.

### *Le corps sent*

À la lecture de cette parole, qu'avez-vous senti dans votre corps ?

Tension, décontraction, respiration plus forte, autre chose, rien… ?

### *Le cœur ressent*

Quelle(s) émotion(s) avez-vous ressentie(s) à la lecture de cette phrase ?

Joie, tristesse, étonnement, douceur, angoisse, agacement, paix, autre… ?

### *Le cerveau analyse*

Comment comprenez-vous cette phrase ?

Comment l'interprétez-vous ?

Prenez le temps d'écrire ce qui vous vient à l'esprit.

Puis réfléchissez à la manière d'actualiser cette parole dans votre vie.

N'hésitez pas à prendre des exemples concrets.

Si vous n'y arrivez pas, le commentaire qui va suivre peut vous offrir quelques pistes de réflexion.

## LA PRIÈRE DU CŒUR

Afin que ce parcours puisse porter ses fruits, et même si elle n'est pas l'objet de cet ouvrage, je vous invite à pratiquer durant ces quarante jours la prière de Jésus. Méconnue pendant des siècles, puis devenue le « pré carré » de spécialistes, cette prière qui consiste à invoquer le plus fréquemment possible le nom de Jésus puise ses racines dans la profession de foi de Pierre et de Marthe, et dans la prière d'un employé des impôts[1] à Jésus.

1. « Jésus leur dit : "Mais vous, qu'est-ce que vous dites ? Qui suis-je ?" Simon Pierre lui répondit : "Tu es le Messie, le Fils du Dieu vivant" » (Évangile selon saint Matthieu 16, 15).

« Marthe répond à Jésus : "Oui, Seigneur, je crois que tu es le Messie, le Fils de Dieu, celui qui devait venir dans le monde" » (Évangile selon saint Jean 11, 27).

« L'employé des impôts reste derrière, il ne veut même pas lever les yeux vers le ciel. Mais il se frappe la poitrine pour demander pardon et il dit : "Mon Dieu, aie pitié de moi, je suis un homme pécheur" » (Évangile selon saint Luc 18, 13).

La « formule » traditionnelle est la suivante :

« Seigneur Jésus, Fils de Dieu,
aie pitié de moi. »

Dans les groupes de prière que j'anime, j'invite les participants à dire plus simplement :

« Seigneur Jésus, viens à mon aide. »

Pour cela, permettez-moi de vous donner maintenant quelques conseils.

### Conseils pour pratiquer la prière de Jésus

Durant les deux premières semaines, prenez le temps de vous arrêter trois fois cinq minutes par jour. N'hésitez pas à utiliser un minuteur (présent dans les téléphones portables ou dans les cuisines) afin de ne plus avoir à penser au temps.

– Asseyez-vous sur une chaise ou dans un fauteuil, afin d'avoir le dos bien droit.

– Mettez devant vous une icône du Christ ou une image représentant celui-ci.

– Si vous n'en avez pas la possibilité, visualisez intérieurement une représentation de Jésus qui vous a touché. C'est à lui, en effet, que vous adressez cette prière.

– Durant une à deux minutes, prenez le temps de bien respirer : inspirez en gonflant le ventre et expirez profondément.

– Ensuite, durant trois minutes, pratiquez la prière du cœur en disant :

« Seigneur Jésus, viens à mon aide. »

« Seigneur Jésus » : vous l'appelez.

« Viens à mon aide » : vous vous en remettez à lui.

Les premiers jours, voire les premières semaines, vous pourrez éprouver une certaine difficulté. Peu à peu, cette prière s'ancrera dans vos vies, et ancrera vos vies.

# EN ROUTE AVEC LES PÈRES DU DÉSERT ET MAURICE ZUNDEL

# Jour 1[1]

Abba Poemen a dit : « Il y a une voix qui crie à l'homme jusqu'à son dernier souffle : "Aujourd'hui, convertis-toi !" »

1. Si vous lisez cet ouvrage durant le Carême, ce premier jour correspond au mercredi des Cendres.

# Quelques mots pour la route…

Au début de notre parcours, cette parole d'abba Poemen ne manque pas de souffle !

En effet, nous ressentons parfois dans nos vies le besoin de prendre un nouveau départ. Cela survient notamment après des événements difficiles où, dans le cadre d'un travail de reconstruction, nous souhaitons tourner la page et ouvrir un nouveau chapitre. Cela survient aussi de manière plus régulière, quand nous nous sentons englués dans le quotidien avec le sentiment de ne plus progresser. Nous « dressons » alors en général une liste de « résolutions » qui expriment de manière visible notre désir de changement.

> « Il faut que je fume moins, que je fasse du sport régulièrement et que je passe moins de temps au bureau… Je dois prier davantage, lire régulièrement l'Évangile et consacrer plus de temps aux autres… »
>
> *(Des témoins.)*

Tous ces « il faut » ou « je dois » constituent autant d'engagements afin de nous permettre :

– De changer dans nos vies ce que nous n'aimons pas, en éliminant ces zones d'ombre que nous connaissons bien et dont nous avons du mal à nous dégager.

– D'améliorer notre relation à Dieu, à nous-mêmes et aux autres.

Malheureusement, et nous en faisons tous en général l'expérience, ces bonnes résolutions ne tiennent, à de rares exceptions, pas très longtemps.

– Soit nous nous épuisons parce que nous avons mis la barre trop haut et que ces résolutions représentent trop de changements.

– Soit nous les oublions parce qu'elles sont trop nombreuses.

– Soit nous nous habituons à ce que nous voulions changer, nous trouvant toujours toutes les excuses du monde…

Face à ce que nous considérons comme un échec, nous sommes alors tentés de tout laisser tomber, éprouvant un sentiment de découragement, voire de la culpabilité.

« Je n'y arriverai jamais, j'en suis incapable… »

*(Un témoin.)*

Que faire face à cette situation ?

Et si, tout simplement, nous prenions conscience que cet appel à la conversion, relayé aujourd'hui par abba Poemen, c'est Dieu lui-même qui nous le lance, nous invitant avant tout à *nous laisser* convertir ?

Car oui, depuis toujours, Dieu appelle l'Homme (c'est-à-dire chacun d'entre nous) « à tourner son regard » vers lui, véritable sens du mot « conversion ». Posant son regard sur nous en premier, il ne désire cependant pas être adoré comme une idole. Dieu, en effet, comme nous le dira sans cesse Maurice Zundel, ne sait que se donner, se donner sans limites… Et sa Toute-Puissance est avant tout une Toute-Puissance d'amour.

C'est donc par l'accueil de ce don, et non par sa vaine conquête, que nous trouverons le chemin du bonheur.

Il nous faut dès lors abandonner nos « je dois », « je promets », « je m'engage ».

Un tel renoncement ne constitue pas pour autant une défaite ou une trahison par rapport à cet appel de Dieu. Il s'agit bien au contraire d'un acte fort qui nécessite une véritable décision. Celle de commencer notre parcours en mettant tous nos efforts dans deux directions :

– Se laisser accueillir par Dieu.

– Accueillir Dieu lui-même au plus profond de notre être.

C'est donc de notre capacité à nous laisser accueillir et à l'accueillir que dépendra notre transformation intérieure. Transformation que nos seuls efforts ne sauraient nous apporter.

---

## Pour aller plus loin…

Nous vous proposons aujourd'hui de réfléchir à un certain nombre de questions :
Qu'est-ce que vous trouvez beau dans votre vie ?
Qu'est-ce qui vous anime et vous pousse à aller au-delà de vous-même ?
Que souhaitez-vous améliorer ?
Qu'est-ce qui vous empêche de croître, de grandir, de vous élever ?
Que désirez-vous transformer dans votre relation à Dieu, à vous-même, aux autres ?
Vous pouvez essayer de répondre seul(e) à ces questions ou, mieux, avec un accompagnateur spirituel qui vous aidera à prendre du recul par rapport à votre existence et à ne pas « ruminer » seul(e) vos questions.

**Une piste :**
N'oubliez pas de demander chaque jour à Dieu de venir faire en vous sa demeure.
Pour cela vous pouvez, par exemple, commencer la journée, comme le font les moines et les moniales du monde entier, en disant : « Dieu viens à mon aide, Seigneur à notre secours. »

---

# Jour 2

Les anciens ont dit : « Si tu vois un jeune homme monter au ciel par sa propre volonté, saisis-lui le pied et rejette-le par terre, car cela ne lui vaut rien. »

## Quelques mots pour la route...

En ce début de parcours, cette parole des anciens peut nous aider à ne pas nous engager dans une impasse, laissant « tomber » dans quelques semaines les objectifs que nous nous étions fixés, à savoir : croître et grandir humainement et spirituellement.

Plusieurs chemins s'offrent en effet à nous...

« Nous débrouiller tout seuls », tout d'abord, et faire comme ce jeune homme dont parlent les anciens qui, par sa propre volonté et ses seuls efforts, souhaite monter vers le ciel, c'est-à-dire obtenir son salut par ses seuls mérites. Cette attitude n'est pas sans rappeler celle d'Adam qui voulut devenir dieu sans Dieu !

Ne rejetons pas trop vite, comme s'il ne nous concernait pas, ce « péché des origines » auquel tous nous pouvons succomber un jour ou l'autre.

Ne sommes-nous pas, en effet, souvent tentés les uns et les autres de vouloir nous débrouiller seuls face aux difficultés de l'existence, sans demander l'aide de quiconque, sous prétexte de ne pas déranger ?

La tentation est d'autant plus grande que tout, dans notre société, nous invite à ne compter que sur nos propres forces, qu'il s'agisse des discours officiels, ou de ceux des mouvements de développement personnel. Nietzsche et ses successeurs sont pour beaucoup dans cette « autoélévation » de l'homme. Gardons-nous cependant, là aussi, de leur jeter trop vite la pierre, les accusant de tous les maux.

En effet, et comme le souligne avec lucidité Maurice Zundel, si Nietzsche a proclamé la « mort de Dieu » afin de libérer l'Homme, c'est peut-être parce qu'on lui a présenté une image pervertie de Dieu.

Celle d'un Dieu qui écrase l'Homme, celle d'un Dieu pour qui l'Homme n'est qu'une créature à son service…

On comprend mieux dès lors que, pour libérer l'Homme, il fallait que celui-ci échappe à un Dieu tyrannique et ne trouve qu'en lui-même les ressources nécessaires à sa croissance.

De plus, et comme j'ai déjà eu l'occasion de le souligner dans différents ouvrages, nous vivons dans un monde où l'on nous apprend à « prendre », à conquérir, et non plus à recevoir. « Prendre de nouvelles fonctions », « prendre femme », « prendre le train »… constituent autant d'expressions qui ont pour conséquence de rendre plus difficile l'accueil, de Dieu, de l'autre…

Dès lors, certains conçoivent leur vie spirituelle comme un « business plan » et attendent un retour sur investissement rapide.

Nous savons bien pourtant que nous ne pourrons nous désaltérer à une source, quelle qu'elle soit, qu'en ouvrant les mains et en accueillant l'eau qui en jaillit.

Tenter de la saisir ne nous conduira qu'à l'échec et nous ne serons jamais désaltérés.

De la même manière, nous savons bien qu'en amour il s'agit aussi de don et d'accueil, comme le rappelle avec tant de force la formule d'échange des consentements des mariés :

> « Je me donne à toi et je te reçois comme époux (épouse)… »

Une autre voie possible dans cette quête spirituelle consiste à tout confier à Dieu, et à attendre passivement que tout se passe comme par miracle.

Mais quelle est alors notre vision de Dieu ?

Serait-il un magicien, un père Noël qui exaucerait toutes nos demandes sans que, de notre côté, nous fassions le moindre effort ?

Une telle attitude n'est pas, à mes yeux, chrétienne. Le Christ ne cesse jamais de nous inviter à donner « notre » réponse à son appel. Notre « oui », comme celui de Marie, est en effet indispensable. L'équilibre, vous l'avez bien compris, est entre les deux et c'est ce que les anciens avaient bien perçu.

Ainsi, et comme le disait un mystique, « la grâce et l'effort sont les deux ailes du même oiseau ».

Sans Dieu, nous ne pouvons rien, mais sans nous, Dieu ne peut rien non plus.

Son amour, son respect pour l'homme sont si grands que son action est subordonnée à notre « oui » quotidien.

---

## Pour aller plus loin…

À chacun de dresser aujourd'hui la liste de ce qu'il désire changer dans son existence.
Demandez à Dieu la grâce nécessaire pour y parvenir, tout en envisageant dans le même temps les mesures à prendre pour y parvenir.

« Je suis colérique. Développe en moi, mon Dieu, la douceur et la patience. » *(Un témoin.)*
« Je suis médisant. Seigneur, ouvre mes lèvres et ma bouche publiera tes louanges et celles des autres… » *(Un témoin.)*

Alors, comme l'oiseau, vous monterez vers le ciel avec deux ailes…

---

# Jour 3

Abba Arsène, alors qu'il était encore au palais, priait Dieu en disant : « Seigneur, conduis-moi de façon que je sois sauvé. » Et une voix lui vint qui disait : « Arsène, fuis les hommes et tu seras sauvé. »

# Quelques mots pour la route…

Ce conseil donné à abba Arsène peut surprendre voire révolter.

Surprendre tout d'abord, car « fuir les hommes » semble réservé aux moines, aux moniales, aux ermites ou aux solitaires qui, librement, ont choisi de s'isoler.

Une telle demande ne peut en rien nous concerner, nous qui vivons au cœur du monde et qui n'avons aucune envie de le quitter !

Révolter ensuite, car la Bible ne dit-elle pas, dès le premier chapitre de la Genèse, « qu'il n'est pas bon que l'homme soit seul » ?

Comment aspirer, dès lors, à la solitude, alors que tant d'hommes et de femmes la subissent sans l'avoir choisie, qu'elle soit affective ou sociale, parfois les deux ?

Ainsi, le rapport des *Petits Frères des pauvres* met en avant qu'en 2017, 300 000 personnes âgées sont en état de « mort sociale ». Inacceptable au sein d'une société qui ne cesse de se proclamer fraternelle et solidaire !

Pourtant, balayer d'un revers de main ce conseil donné à abba Arsène, même s'il peut apparaître surprenant et dérangeant, me semblerait non seulement hâtif, mais risquerait de nous priver d'une voie de croissance humaine et spirituelle.

Il est toujours bon, en effet, de se laisser bousculer, agacer par un texte, par une parole. Si celui-ci, si celle-ci nous contrarie, nous dérange, prenons le temps de voir pourquoi. Ne rechercher que ce qui nous plaît, nous flatte, c'est risquer de faire du surplace et de ne plus avancer intérieurement.

Alors, prenons aujourd'hui le temps de nous laisser déplacer et constatons tout simplement que nous vivons dans une société qui ne supporte ni le silence ni la solitude.

Le silence inquiète. Il inquiète tellement que nous avons sans cesse besoin de bruit autour de nous pour vivre.

Quoi de plus merveilleux que de passer une soirée entre amis dans un lieu où une sono assure un bruit de fond perpétuel, et où les voix se perdent dans le tohu-bohu général ?

Quoi de plus romantique que de dîner en tête à tête dans un restaurant où sont disposées des télévisions et où, par-dessus l'épaule de l'autre, on peut regarder de nouveaux clips ?

Quoi de plus exotique que de visiter un site touristique où des haut-parleurs diffusent en boucle musiques et spots publicitaires ?

La solitude, quant à elle, et comme nous l'avons vu tout à l'heure, constitue trop souvent, lorsqu'elle est subie, un poids lourd à porter, le temps devenant interminable, les journées se succédant les unes aux autres, sans aucun changement.

Mais lorsqu'elle est choisie, désirée, la solitude constitue alors une respiration indispensable.

Dès lors, comme le Christ lui-même durant sa vie parmi nous, prendre le temps de nous isoler régulièrement nous permettra de nous recentrer, de reprendre souffle…

De par cet « exil » volontaire et provisoire, nous acquerrons la profondeur et la densité humaine et spirituelle nécessaires à la vie au cœur du monde.

---

## Pour aller plus loin…

Il est indispensable, quel que soit votre état de vie, de prendre régulièrement un temps de solitude et de silence en vous coupant, ne serait-ce que quelques minutes, de la compagnie des hommes. Ces temps de « désert », même si vous en avez peu au début, constitueront rapidement des temps

de respiration indispensables au cœur de votre quotidien.
En spiritualité, le désert n'est pas un lieu vide. C'est le lieu de la rencontre, rencontre avec Dieu, comme Moïse et de nombreux prophètes en firent l'expérience avant nous.
Cette « fuite » ponctuelle mais régulière du monde peut se traduire tout simplement :
– Si vous êtes citadin, par un arrêt dans une église. L'église est, en effet, un lieu privilégié de rencontre avec Dieu, par sa présence mystérieuse au sein du tabernacle.
– Si vous habitez la campagne, par la contemplation d'un paysage, d'une rivière, du ciel... Cette voûte céleste, ces plantes, ces animaux que vous regarderez ont été créés par Dieu.
Loin de vous éloigner du monde et de votre quotidien, cet exil « ponctuel » vous permettra au contraire de vivre pleinement sans avoir l'impression de vous dissoudre ou de perdre votre âme...
Alors au sein de ce silence, de ce calme, votre cœur pourra accueillir la présence même de Dieu.

---

# Jour 4

## *Maurice Zundel a dit…*

Maurice Zundel, sans dénigrer l'action, nous invite à méditer sur la distinction entre *être* et *faire*[1]. Avant de les lire, prenez quelques minutes de réflexion.

Qu'est-ce que je privilégie dans ma vie ?
L'être ou le faire ? Pourquoi ?
Comment cela se traduit-il ?
Est-ce que cela me satisfait pleinement ?

« Il y a une opposition souvent radicale entre le *faire* et l'*être*. On agit et on s'agite, on se dépense et l'on croit se dévouer – et *on n'existe pas*… »

*Avant de continuer, prenez le temps de méditer cette pensée…*

1. Maurice Zundel, « Je ne crois pas à l'utilité de ce que je fais », in *Ton visage, ma lumière*, Mame, 2011. Si vous en avez l'opportunité, lisez cette homélie entièrement. Privilégiez toujours un texte dans son intégralité à des extraits.

« Il faut agir, sans doute, mais il faut avant tout *exister*… d'une manière authentique qui situe toutes les valeurs à l'intérieur de l'esprit et du cœur. »

*Avant de continuer, prenez le temps de méditer cette pensée…*

« Il est clair que seul l'être qui existe d'une manière authentique est capable de nous émouvoir et de nous transformer. »

*Avant de continuer, prenez le temps de méditer cette pensée…*

« Il y a un formidable gâchis des énergies humaines. L'homme travaille, l'homme invente, l'homme multiplie sa puissance sur la nature, et c'est admirable… Mais, justement, ce qui demeure inachevé, incomplet et de plus insuffisant, c'est l'homme lui-même, cet homme si précieux, cet homme qui est le Royaume de Dieu, cet homme qui seul est capable, dans l'Univers, de révéler Dieu, de vivre de sa Vie et d'en porter partout le rayonnement. »

*Avant de continuer, prenez le temps de méditer cette pensée…*

*N'hésitez pas à relire ces pensées, puis à fermer les yeux pour les laisser résonner…*

## *Quelques mots pour la route*[1]...

Maurice Zundel nous invite à méditer sur ce qui fonde notre existence : le « faire » ou l'« être » ?

Ne sommes-nous pas trop souvent tentés, en effet, de privilégier l'action au détriment de ces moments d'intériorité pourtant indispensables, véritables respirations de l'âme au cœur du quotidien, comme nous avons pu le voir précédemment ?

Faire, faire, faire toujours et encore...

Faire, faire, faire, toujours plus, avec le sentiment de ne jamais en faire assez !

Ne vivons-nous pas aujourd'hui dans une société où le « Je pense donc je suis » de Descartes a été remplacé par « J'agis, je bouge, donc j'existe » ?

Hommes ou femmes, actifs ou retraités, prêtres ou laïcs, nous sommes tous trop souvent menés par

1. Nous ne vous proposerons pas la rubrique « Pour aller plus loin... » aujourd'hui, ce jour correspondant, si vous lisez cet ouvrage durant le Carême, au samedi. Prenez, durant le week-end, le temps de vous poser, de vous asseoir.

un agenda qui nous pousse sans cesse à « faire » au risque d'oublier d'« être ».

Or, nous n'agirons vraiment, efficacement, qu'en existant pleinement, profondément.

En effet, « trop en faire », quelle que soit l'activité (travail, bénévolat...), peut dissimuler subtilement la peur de ne pas exister.

Ainsi, je suis frappé de voir que la retraite, si longtemps désirée, attendue, défendue (!), entraîne, chez nombre de personnes, un sentiment de vide, d'inutilité, allant parfois jusqu'à la dépression.

Bien sûr qu'il est important de travailler ! Saint Paul lui-même nous y invite, se vantant de n'être à la charge de personne.

> « Lorsque j'étais aumônier étudiant, j'avais l'habitude de dire à des étudiants inquiets, face à un monde du travail dont ils ignoraient tout, que non seulement on pouvait s'épanouir dans son travail, mais que quel qu'il soit, celui-ci pouvait constituer un chemin de sainteté. »
>
> *(Un prêtre.)*

Cependant, il est important d'être vigilant sur la place que le travail occupe dans nos vies, et d'observer si le travail ne vient pas prendre la place d'autre chose, dissimulant alors des peurs.

– Peur de rentrer à la maison et de se retrouver face à son conjoint ou à ses enfants.

– Peur de ne pas trouver sa place dans sa vie personnelle, à l'inverse de sa vie professionnelle où cette place est donnée par la mission elle-même.

– Peur de ne pas être reconnu(e), peur de ne plus être reconnu(e)…

– Peur d'avoir le temps de se poser des questions existentielles pourtant essentielles.

– Peur d'avoir à faire face à ses propres peurs…

Mais ce qui est vrai du travail l'est aussi de toute activité où nous sommes appelés à « faire ».

Ainsi les prêtres sont-ils appelés à être vigilants face aux personnes prêtes à donner sans compter de leur temps pour la paroisse, ou pour toute autre activité.

Si ce désir est, bien entendu, l'expression d'une grande générosité, il peut être aussi un moyen de dissimuler les peurs dont nous venons rapidement de dresser la liste.

« Faire », « agir », constitue alors le meilleur moyen de repousser les échéances. Je dis volontairement « repousser » car, un jour ou l'autre, ces peurs, ces questions trop longtemps refoulées jailliront de manière parfois extrêmement violente.

Prendre le temps d'être, loin de constituer une perte de temps, constitue le meilleur moyen de gagner du temps dans notre croissance. Ainsi, si sœur Emmanuelle, Mère Teresa, l'Abbé Pierre nous touchent toujours, c'est moins par leur action que par le rayonnement dont ils ont été porteurs.

Travaillons avec l'aide de Dieu à cette croissance, à cet épanouissement auquel nous sommes appelés. À la suite du Christ lui-même, grandissons en sagesse et en intelligence animés par l'Esprit. Car, comme nous le disent, en effet, les Pères du l'Église :

– Dieu a voulu l'Homme.

– Par sa Parole (le Christ) Il l'a créé.

– L'Esprit-Saint le menant alors à sa perfection…

Laissons-nous entraîner.

# Jour 5[1]

1. Si vous lisez cet ouvrage durant le Carême, ce jour correspond au premier dimanche de Carême. Nous ne vous proposerons pas la rubrique « Pour aller plus loin… ». Le dimanche, c'est le jour de la messe, véritable aventure spirituelle, c'est le jour de Dieu, le jour de l'homme…

## *Maurice Zundel a dit*[1]...

Avant de lire l'homélie qui va suivre, prenez quelques minutes de réflexion.

Et vous, croyez-vous en l'Homme ?

Si oui, pourquoi ? Si non, pourquoi ?

« On demanda un jour à un grand physicien français : "Croyez-vous en Dieu ?" À quoi il répondit : "Et vous, croyez-vous en l'homme ?" »

*Avant de continuer, prenez le temps de méditer cette pensée...*

« L'homme n'est pas contenu tout entier dans le réseau de ses instincts. Il a un recul. Il est capable d'une distance. Il peut juger sa vie. Il peut la poser. Il peut la refuser. Il peut se tuer...

1. Maurice Zundel, « Croyez-vous en l'homme ? », in *Ton visage, ma lumière*, *op. cit.*, p. 31-35.

Il est dans la nature de l'homme de dépasser sa nature… »

*Avant de continuer, prenez le temps de méditer cette pensée…*

« C'est un faux problème d'opposer l'homme à Dieu. L'homme est une aspiration vers lui, comme Dieu est une attente de l'homme au plus intime de nous-mêmes. »

*Avant de continuer, prenez le temps de méditer cette pensée…*

« Nous avons une mission à remplir, immense, urgente, magnifique, qui est d'entrer à fond dans ce respect de l'homme et de l'univers, en apprenant nous-mêmes à nous dépasser. »

*Avant de continuer, prenez le temps de méditer cette pensée…*

*N'hésitez pas à relire toutes ces pensées, puis à fermer les yeux pour les laisser résonner en vous. Notez ce qu'elles vous inspirent avant de lire ce qui va suivre…*

# Quelques mots pour la route…

Nous vivons une époque étrange.

Ainsi, des chaînes de télévision, de plus en plus nombreuses, nous invitent désormais régulièrement à découvrir avec émerveillement le monde animal et son organisation. Dans ces reportages, les commentateurs mettent souvent en avant les côtés « humains » des animaux, insistant sur leur affection, leur fidélité, leur bon sens et leur capacité d'adaptation. Qu'il s'agisse des fourmis ou des lions, chaque espèce semble, en effet, obéir à un instinct lui permettant de survivre dans un environnement, favorable ou hostile.

Dans le même temps, sur les autres chaînes, on ne cesse de stigmatiser le côté « animal » de l'Homme, pointant sa cruauté, sa violence, sa difficulté à « vivre ensemble »…

Tout semble plaider contre lui. Tout semble fait pour nous détourner, voire nous « dégoûter » de l'humain dont la « bestialité » n'est plus à démontrer.

Dès lors, j'entends souvent des personnes me dire, le plus naturellement du monde, qu'elles ne croient plus en l'Homme et en sa bonté, préférant désormais la compagnie des animaux.

Certes, reconnaissons-le, l'Homme est parfois (souvent ?) un loup pour l'Homme. Il peut nous arriver, ainsi, d'en faire cruellement l'expérience, non seulement dans un cadre professionnel, mais aussi dans un cadre familial, voire paroissial…

Cependant, ne nous fourvoyons pas !

Disciples du Christ, nous ne pouvons nous « couler » avec autant de facilité dans l'esprit du monde, et hurler avec les loups !

C'est pourquoi, et pour vous inciter à prendre du recul par rapport au discours ambiant, j'aimerais vous inviter à relire le premier récit de la Création, contenu dans le chapitre premier de la Genèse. Ce texte est fondamental pour le sujet qui nous occupe aujourd'hui, à savoir notre regard sur l'Homme, sur l'humain. Mais il est aussi central dans notre parcours, dans notre désir d'une croissance personnelle et collective.

Vous constaterez dans ce texte que Dieu a créé le monde par étapes, respectant un ordre qui n'est en rien aléatoire. Ainsi, après avoir créé la terre, le soleil et la lune, Dieu a créé les plantes et les animaux. Cette Création, et nous y reviendrons à plusieurs reprises, nous sommes appelés à l'admirer, à la regarder avec émerveillement, à l'aimer…

Ensuite, et après avoir créé les espèces animales et végétales, Dieu a créé l'Homme le sixième jour, juste avant de se reposer.

Cela signifierait-il que l'Homme était moins important que les plantes et les animaux ?

Bien au contraire, nous répondent en chœur ceux qui nous précèdent !

Si Dieu a créé l'Homme en dernier, c'est parce que l'homme, chaque Homme, vous, moi, est le sommet de la Création.

Dès lors, nous ne pouvons succomber à l'esprit du monde et ne pas croire en l'Homme.

Certes, il est important, indispensable de respecter la création de Dieu, qu'il s'agisse du monde animal, du monde végétal ou du monde minéral. Tout cela a été créé pour l'Homme. Ne pas les respecter, c'est ne pas respecter l'Homme.

Il n'en demeure pas moins que l'Homme est le seul être créé sur cette terre à l'image de Dieu et que comme le Christ, nous sommes appelés à avoir foi en l'Homme.

Lors de chacune de ses rencontres, Jésus a vu en l'autre ce qu'il y avait de beau et de grand, ne s'arrêtant pas aux apparences. À partir de là, il a pu appeler ses interlocuteurs à aller au-delà d'eux-mêmes et à dépasser tout ce qu'il y avait de mesquin et de petit en chacun d'eux.

Notre mission aujourd'hui, nous inscrivant à sa suite, est de témoigner de notre foi en l'Homme.

C'est par nous que sa volonté peut être faite.

C'est par nous que son nom peut être sanctifié.

C'est par nous que son règne peut advenir.

Le croyez-vous ?

# Jour 6

« Où que tu ailles, aie toujours Dieu devant les yeux, quoi que tu fasses, aie le témoignage des Saintes Écritures, et en quelque lieu que tu te tiennes, n'en bouge pas facilement. »

# Quelques mots pour la route…

Dans une société où l'on nous demande d'être sans cesse « mobiles » (« Où que tu ailles »), et « adaptables » (« Quoi que tu fasses »), ces conseils donnés par abba Antoine pour « plaire à Dieu » nous concernent directement et méritent que l'on s'arrête sur chacun d'eux.

« Où que tu ailles, aie toujours Dieu devant les yeux » me semble tout d'abord signifier que Dieu doit être présent au cœur même de toutes nos actions. Quel que soit l'endroit où nous sommes, quel que soit notre état de vie, nous sommes appelés à vivre, à penser, à agir en union avec lui. L'enjeu est d'importance car, comme le disait Maurice Zundel, ne pas vivre comme on pense amène au final à penser comme on vit.

Une telle chose apparaît au premier abord impossible aux « pauvres humains » que nous sommes,

Dieu étant par excellence celui que l'on ne voit pas. C'est pourquoi, justement, Dieu s'est fait homme, se rendant visible aux yeux des Hommes. Dès lors, avoir Dieu devant les yeux, c'est vivre comme Jésus lui-même a vécu. Une telle chose pourrait sembler aussi impossible, car nous ne sommes pas Jésus ! C'est pourquoi, l'Esprit-Saint nous a été envoyé, nous appelant ainsi à partager par grâce la divinité du Christ. Comme le disait si bien Irénée de Lyon :

> « Dieu s'est fait homme pour que l'homme devienne dieu. »

Dès lors, nous pouvons vivre en ayant toujours Dieu devant les yeux.

« Quoi que tu fasses, aie le témoignage des Saintes Écritures » nous rappelle l'importance du contact régulier avec la Parole de Dieu. Le temps n'est plus où lire la Bible était interdit aux chrétiens, ou du moins réservé à quelques-uns. Nous sommes tous aujourd'hui appelés à prendre connaissance régulièrement de cette Parole afin de nous en nourrir. Mais attention, il ne s'agit pas d'un exercice intellectuel. S'il est important d'étudier la Parole de Dieu, de la remettre dans son contexte, de comprendre comment la Bible a été rédigée, il demeure néanmoins capital de se laisser toucher au cœur et de percevoir en quoi la Parole de Dieu contenue dans la Bible nous concerne directement. Ainsi, et ce n'est qu'un exemple, lorsque nous nous mettons debout pour écouter l'Évangile, ne témoignons-nous pas de manière visible que la Parole de Dieu nous met debout et nous relève ? Grâce à un contact régulier, cette Parole de Dieu deviendra, au fil du temps, notre boussole lorsque nous nous sentons perdus, notre phare dans la nuit, notre guide au quotidien, notre force dans la vie.

« En quelque lieu que tu te tiennes, n'en bouge pas facilement » ne consiste pas forcément à demeurer sans cesse au même endroit, mais d'éviter ce que l'on pourrait appeler la « bougeotte ».

Il s'agit de faire ce que nous avons à faire, là où nous sommes et au bon moment.

Il s'agit de vivre ce que nous avons à vivre, en étant pleinement présents à ce que nous faisons, là où nous sommes.

Trois conseils simples à méditer en prenant le temps de les goûter !

## Pour aller plus loin…

« Où que tu ailles, aie toujours Dieu devant les yeux. »
Saint Paul déclarait dans l'une de ses lettres : « Ce n'est plus moi qui vis, mais le Christ qui vit en moi. »
Une telle parole, loin de déposséder l'homme de lui-même ou de le démotiver, nous invite à vivre concrètement cette présence de Dieu au cœur de nos vies.
Regarder les autres et nous-mêmes, comme Jésus lui-même regardait… avec amour…
Écouter les autres, comme Jésus lui-même écoutait… avec amour…
Parler comme Jésus lui-même parlait… avec amour…

« Quoi que tu fasses, aie le témoignage des Saintes Écritures. »
Dans la vie, nous sommes amenés parfois à prendre des décisions importantes. Pour cela, la Parole de Dieu peut vous donner un certain nombre de repères. Mais attention, ouvrir la Bible au hasard et pointer son doigt sur un passage n'est pas forcément constructif. Prenez plutôt le temps de méditer avec d'autres, en Église, la Parole de Dieu. Vous imprégnant peu à peu, cette Parole, au fil des jours, des semaines, des mois, des années, vous transformera.

« En quelque lieu que tu te tiennes, n'en bouge pas facilement. »

Nous l'avons déjà dit, l'activisme actuel pousse à la « bougeotte ». Il s'agit donc pour vous de prendre racine. Mais attention, pas n'importe où ! En Dieu lui-même.

Il est Celui qui vous permettra de garder votre stabilité quels que soient les événements de la vie.

---

# Jour 7

Abba Moïse a dit : « Va, reste dans ta cellule et ta cellule t'enseignera tout. »

# Quelques mots pour la route...

On a coutume de dire que les voyages forment la jeunesse. Découvrir de nouveaux horizons, de nouvelles cultures constitue, en effet, non seulement une source importante de connaissances mais aussi d'expériences qui indiciblement nous transforment.

Si, pendant des siècles, les voyages furent réservés à quelques-uns, le « boom » des transports aériens des années 1970 et leur démocratisation ont permis à de nombreuses personnes de visiter des pays parfois très éloignés ; pays dont leurs proches aïeux n'avaient eu connaissance que par les livres ou la télévision.

Après ce vaste mouvement tourné vers l'extérieur, on assiste aujourd'hui, notamment du fait des aléas politiques et des risques d'attentats, à un mouvement inverse. Le tourisme un temps « international » tend à redevenir « national ». Ainsi, nombre d'entre nous découvrent ou redécouvrent les charmes de notre « douce France », parcourant des régions dont ils ne soupçonnaient pas ou dont ils avaient oublié la beauté.

N'est-ce pas à un mouvement identique, « du dehors vers le dedans », que nous invite abba Moïse à travers cette parole qui a pu dans un premier temps vous agacer ?

Le mot cellule n'a, en effet, pas bonne presse. Quand on l'entend, on pense tout d'abord, et à juste titre, à ces cellules de prisons surpeuplées, où même en France s'entassent de trop nombreux détenus dans des « conditions inhumaines et dégradantes », comme l'a mentionné récemment un rapport de l'Union européenne.

Ce n'est que dans un second temps que quelques-uns d'entre nous auront pensé à la cellule des monastères où, depuis plus de mille huit cents ans, des hommes et des femmes ont choisi de vivre soit en communauté, soit isolés.

Mais alors, pour nous qui vivons dans le monde, que désigne le mot cellule ?

S'agit-il d'un lieu extérieur à nous-mêmes ou d'un lieu intérieur à nous-mêmes ?

De notre réponse à cette question va dépendre notre manière d'interpréter cette parole d'abba Moïse.

S'il s'agit d'un lieu extérieur à soi, c'est à rechercher une certaine stabilité physique que nous sommes tout d'abord invités. À une époque où l'on ne cesse de parler de mobilité, savoir se poser régulièrement dans un lieu peut constituer, comme nous l'avons déjà vu, un objectif ; le calme du corps favorisant alors le calme de l'esprit. De plus, comme le disent de nombreuses sagesses, et comme nous en avons sans doute les uns et les autres déjà fait l'expérience, où que nous allions, nous y transportons nos joies, nos espérances mais aussi nos peines et nos soucis.

S'il s'agit d'un lieu intérieur, ne pourrait-il pas s'agir du cœur ? Celui-ci doit alors être perçu non pas uniquement comme le siège de l'affectivité, vision très occidentale, mais comme le lieu privilégié de la rencontre avec Dieu, comme c'est le cas dans la tradition juive. Ce qui compte, c'est que nous prenions le temps de nous retrouver au plus intime de nous-mêmes, dans ce cœur à cœur avec Dieu.

Alors n'hésitons pas et plongeons dans notre cellule intérieure. C'est dans notre cœur que se trouve l'échelle du Royaume…

---

## Pour aller plus loin…

Il peut arriver dans la vie que nous nous sentions bloqués, prisonniers du quotidien et des événements de la vie. Nous sommes alors tentés de partir afin d'échapper à ce qui nous oppresse. Pourtant, partir ne permet jamais d'échapper à soi-même… C'est pourquoi, dans le cadre de ce

parcours de quarante jours, afin de grandir humainement et spirituellement, nous vous proposons, si un certain nombre de choses vous oppressent, de prendre le temps de vous isoler dans un lieu calme ou dans un lieu que vous aimez, où vous vous sentez bien.
Faites alors la liste de vos préoccupations, en les classant de la plus oppressante à la moins oppressante.
Lisez cette liste à plusieurs reprises et cherchez une solution aux préoccupations qui vous paraissent finalement bien légères au regard de celles qui sont vraiment importantes. En pratiquant ainsi, vous mettrez les choses en perspective, et vous redonnerez à chaque événement sa « juste » place.

« Je n'arrivais plus à y voir clair et pour moi tout devenait dramatique. Je mettais au même niveau mon mariage en péril, et une prime de résultat qui m'avait été refusée. » *(Un témoin.)*

Ensuite, fermez alors les yeux en tenant votre feuille et tournez-vous vers Dieu. Dites-lui combien vous vous sentez perdu(e), et combien vous avez besoin de son aide face aux préoccupations.
Certes, Dieu ne répondra pas directement à votre question ! Il ne vous donnera pas la solution « magique » à vos problèmes. Mais, en prenant du recul, en mettant les choses en perspective, en admettant que vous n'êtes pas tout(e)-puissant(e), vous ouvrez un chemin. Sachez alors écouter les signes donnés par les événements et les autres...

# Jour 8

Abba Poemen a dit : « En tout ce que tu fais, prends conseil, car il est écrit : “Agir sans conseil est de la folie.” »

# Quelques mots pour la route…

Ce conseil d'abba Poemen, rédigé il y a plus de mille cinq cents ans, pourrait être inscrit en lettres d'or dans les salles d'attente des cabinets de consultants en tout genre, profession qui ne cesse de croître depuis plusieurs décennies. Le consultant est, en effet, celui chez qui l'on vient solliciter un conseil pour ses affaires, ses projets, pour la conduite de sa carrière ou pour la meilleure manière de voir fructifier son argent.

Mais ce conseil d'abba Poemen ne pourrait-il pas l'être ailleurs ? Dans nos églises, par exemple !

En effet, si nous sommes si avides de conseils pour les biens de ce monde, le sommes-nous autant pour ce qui concerne notre croissance spirituelle ?

Le temps n'est plus, bien entendu, des directeurs spirituels qui dictaient aux uns et aux autres la conduite à tenir dans telle ou telle situation. Leurs conseils ressemblaient alors plus au respect scrupuleux d'un règlement, d'une morale qu'à un chemin de transformation intérieure. Or, Maurice Zundel avec beaucoup de finesse rappelle dans toute son œuvre que le christianisme n'est pas une morale mais une rencontre avec Dieu lui-même, une rencontre qui transforme et bouleverse notre vie.

C'est pourquoi on parle plus couramment, désormais, d'accompagnateur spirituel. Accompagner l'autre, c'est accepter de marcher avec lui et de se laisser déplacer intérieurement par ce qui est dit, que l'on soit accompagnant ou accompagné. Personnellement, en tant que prêtre, je me présente comme un accompagnateur humain et spirituel. En effet, comment séparer l'un de l'autre ? Depuis l'Incarnation de Jésus, croissance humaine et croissance spirituelle ne sont-elles pas indissolublement liées ? Prendre conseil, comme nous y invite abba Poemen, ce n'est donc pas s'entendre dire, d'une manière totalement extérieure et plaquée, ce qui doit ou devrait être fait.

Prendre conseil, c'est d'abord prendre le temps d'exposer à l'autre ses soucis, ses blocages, ses peurs, mais aussi ce qui nous fait vivre et nous donne envie d'aller au-delà de nous-mêmes… Tout cela avec ses mots, sans chercher à « paraître », mais en ayant le désir de se présenter tels que nous sommes, avec nos points forts, mais aussi avec nos faiblesses, avec nos joies, avec nos peines et parfois nos larmes.

Ainsi, au lieu de « ruminer » seul(e)s les questions qui nous préoccupent, les exposer à un autre (prêtre, religieux, religieuse, laïc…) constitue une étape fondamentale.

L'expérience m'a appris que cette étape permettait souvent de dénouer un grand nombre de nœuds. L'accompagnateur, formé comme il se doit à l'accompagnement, se transforme alors en miroir, reformulant les propos tenus, posant si nécessaire un certain nombre de questions (ouvertes), proposant des pistes à la lumière de l'Évangile. Par sa présence, par son écoute, par ses paroles, il permet alors à l'autre d'advenir à lui-même, lui ouvrant la possibilité de faire des liens et de mettre en perspective ce qu'il vit, ou ce qui l'empêche de vivre. Mais attention, l'accompagnement se vit dans le temps, et dans la régularité. Il se vit aussi dans l'acceptation que tout ne se résout pas tout de suite, et qu'il faut accepter la parole de l'autre pour se laisser libérer.

Enfin, il ne dispense pas, si c'est nécessaire, d'une psychothérapie, ne se confondant pas avec celle-ci.

---

## Pour aller plus loin…

Si spiritualité et psychologie sont indissolublement liées, honorant les dimensions terrestres et célestes de chacun d'entre nous, elles ne se confondent cependant pas. L'homme, et nous avons trop tendance à l'oublier aujourd'hui, est tout à la fois corps, âme et esprit. Mais l'articulation entre ces trois dimensions n'apparaît pas toujours très claire. Cela explique que l'on assiste aujourd'hui à des confusions parfois très préjudiciables entre le « spirituel » et le « psychologique ». L'archimandrite Kallistos nous offre dans le passage suivant une vision très claire de cette articulation :

« Le corps, l'âme et l'esprit ont chacun leur manière particulière de connaître :
– Le corps connaît par les cinq sens,
– l'âme par le raisonnement intellectuel,
– l'esprit par la conscience, par une perception mystique qui transcende les procédés ordinaires de la raison humaine. En tant que tel, l'esprit de l'homme est étroitement lié à l'Esprit-Saint ou Esprit de Dieu ; mais malgré cette étroite connexion, ils ne sont pas identiques[1]. »

On comprend mieux dès lors que l'accompagnement personnel ne se confond pas avec une psychothérapie.
Les deux peuvent être entrepris en même temps, mais pas avec la même personne, non seulement parce que l'un et l'autre obéissent à des règles différentes, mais parce qu'ils nécessitent des formations qui ne sont pas les mêmes.
Dans les deux cas, il est souhaitable que l'accompagnateur garde une véritable distance avec l'accompagné, afin de ne pas entraîner de confusion.

---

1. Higoumène Chariton, *L'art de la prière*, abbaye de Bellefontaine, coll. « Spiritualité orientale », n° 18, 1996, p. 15.

# Jour 9

Abba Sisoés a dit : « Cherche Dieu et ne cherche pas où il habite. »

# Quelques mots pour la route...

Très souvent, nous avons tendance à penser que pour approcher de Dieu, un certain nombre de conditions matérielles doivent être réunies.

Il serait, par exemple, nécessaire pour bien prier de trouver un endroit calme, loin de tout tumulte. Celui-ci devrait être beau afin de faciliter notre recueillement, l'architecture étant là pour soutenir et favoriser notre élévation. C'est sans doute pour cette raison que nombre d'entre nous n'aiment pas prier dans des lieux bruyants ou dans des églises modernes. Elles sont selon eux sans âme et sans esthétique, peu propices dès lors à la méditation.

Dans cette recherche de Dieu et cette quête d'absolu, une belle musique ou des chants bien interprétés constitueraient aussi un plus indispensable. Cela expliquerait qu'en paroisse on ne peut pas prier car très souvent les chants ne sont pas adaptés et mal interprétés.

N'oublions pas non plus la nécessité d'une décoration florale suggestive et d'un éclairage ni trop fort ni trop faible.

Enfin, il serait absolument indispensable de se sentir intérieurement disponible, prêt pour la rencontre.

Prenons garde cependant !

Si tous ces éléments matériels peuvent apparaître certes importants, ils risquent de constituer, au final, un obstacle à notre prière.

Il est rare, en effet, qu'ils soient tous réunis, et nous avons bien du mal à trouver au quotidien le « lieu idéal » où notre prière sera à son apogée.

Découragés, nous avons dès lors tendance à remettre au lendemain « cette respiration de l'âme », et peu à peu notre lien avec Dieu se distend, faute d'une rencontre régulière.

C'est donc avec beaucoup d'attention que nous sommes invités à écouter cette parole d'abba Sisoés qui nous conseille de chercher Dieu et non le lieu où il habite.

En effet – et c'est fort heureux ! –, Dieu ne nous attend pas seulement dans un beau paysage ou dans une magnifique église romane ou gothique !

Dieu est partout, que ce soit dans une rame de métro bondée ou dans le regard de ce SDF qui, transi de froid ou écrasé par la chaleur, n'a pour maison que cette tente peu esthétique au bas de notre immeuble.

Dieu n'attend pas non plus que nous nous sentions en forme, disponibles et en pleine santé pour bien prier. Dieu est autant présent dans le corps de cet enfant qui vient d'être baptisé que dans ce corps douloureux et déformé par la maladie.

Alors n'attendons pas de réunir les conditions idéales pour désirer chercher Dieu. Fuyons un certain hédonisme spirituel qui nous donnerait l'illusion que la rencontre avec Dieu serait dépendante d'un certain nombre d'éléments matériels.

Écoutons plutôt Angelus Silesius, mystique chrétien du XVIIe siècle qui nous lance un appel :

« Où cours-tu ? Le ciel est en toi ! »

Oui, le ciel est en chacun d'entre nous et dans ceux et celles qui nous entourent. Avec le Christ, ce qui est désormais sacré, ce ne sont pas nos églises, si belles soient-elles, mais l'Homme ! Puissions-nous ne jamais l'oublier et dépenser plus d'énergie à la défense de l'Homme et de sa dignité qu'à la défense et à la restauration de nos bâtiments.

Ces dernières lignes vous bousculent, vous choquent !

Ne sommes-nous pas, en effet, très fiers en France de notre patrimoine religieux ? Si nous le sommes, c'est à juste titre, mais cela ne doit pas pour autant nous aveugler.

Certes, avant nous, des hommes et des femmes ont consacré toute leur énergie à bâtir des cathédrales, à peindre ou à sculpter des œuvres d'art qui aujourd'hui suscitent toute notre admiration.

Mais pouvons-nous pour autant rester sourds aux cris des plus de huit millions d'hommes et de femmes qui aujourd'hui en France sont étiquetés comme « pauvres » ! Le Christ lui-même nous répond très clairement dans l'Évangile selon saint Matthieu, au chapitre 25 :

> « J'étais nu et vous m'avez vêtu, j'avais faim et vous m'avez donné à manger… »

Alors, tout simplement, prenons le temps de nous tourner vers Dieu à tout moment et quel que soit l'endroit. N'attendons pas la perfection matérielle pour aller à sa rencontre.

Et n'oublions jamais que sur cette terre, c'est en l'homme et uniquement en l'Homme que Dieu peut se contempler, car l'Homme, tout Homme, est à l'image de Dieu.

---

## Pour aller plus loin…

« Quand le sage regarde le ciel, l'idiot regarde son doigt… » Avez-vous le sentiment que, même de loin, cette parole peut vous concerner ?

Si oui, pourquoi ? Sinon, pourquoi ? Comment pourrait-elle changer quelque chose dans votre existence, dans votre manière d'appréhender votre vie chrétienne ?

# Jour 10

Un ancien a dit : « L'homme qui a toujours la mort sous les yeux triomphe du découragement. »

# Quelques mots pour la route…

Cette pensée d'un ancien a de quoi nous surprendre tant notre société fait tout pour éliminer l'idée même de la mort, y compris dans ses signes visibles. De ce fait, même nous, disciples du Christ, sommes parfois tentés d'oublier cette échéance inéluctable. Alors, quand elle frappe nos proches ou lorsqu'elle se profile à l'horizon de notre vie, nous sommes désorientés, tentés de céder au désespoir, faute de préparation…

« Je ne me remets pas de la mort de mon mari/de ma femme. Je n'ai plus de désir, plus d'espoir. »
« J'ai peur de mourir. »

*(Des témoins.)*

Pourtant, l'idée même de la mort ne devrait pas nous effrayer. Elle fait, en effet, partie de la vie et nous sommes sûrs qu'aucun d'entre nous ne pourra y échapper. Les danses macabres, autrefois peintes sur les murs de nos églises, nous le rappelaient avec sagesse. Tous, riches ou pauvres, jeunes ou vieux, hommes ou femmes, la mort nous frappera un jour, marquant certes le terme de notre vie terrestre, mais surtout notre « naissance » à la vie éternelle.

Car oui, et nous le proclamons à chaque messe, nous croyons, nous disciples du Christ, que Celui-ci a vaincu la mort et que nous l'avons vaincue avec Lui.

Comme nous l'avons dit, la vie éternelle ne constitue donc pas une annexe au « Grand Livre » de notre vie, c'est notre vie terrestre qui n'en n'est que l'introduction.

Sachons donc écouter les anciens qui nous invitent aujourd'hui à contempler la mort, cette contemplation n'ayant rien de morbide. « Vivre, c'est apprendre à mourir », dit, en effet, Montaigne. La perspective de la mort, de notre mort, loin de nous démotiver, de nous décourager, constitue au contraire pour chacun d'entre nous une véritable invitation à mieux vivre notre vie, à vivre pleinement chaque minute de notre existence.

Plus que l'or et l'argent, plus que les pierres précieuses ou les stock-options, le temps est le bien le plus précieux qui nous soit donné.

Nous souvenir que nous sommes mortels nous incite à savourer chaque instant de notre vie, car il est unique.

Apprécions ces moments passés en famille ou avec des amis, ces instants passés à regarder un magnifique paysage ou à voir le sourire d'un enfant.

Ne remettons pas au lendemain ce que nous pouvons faire le jour même.

N'hésitons pas à dire régulièrement à notre entourage notre amour, même s'ils le savent ou si cela va de soi.

Ne perdons pas notre énergie dans de vaines querelles. Là où il y a la discorde, faisons tout pour mettre l'union. Soyons chaque jour les témoins de l'amour de Dieu pour les Hommes…

Vivre ainsi nous évitera de gaspiller notre temps. Animés par la foi, l'amour et l'espérance, nous serons à même de surmonter les difficultés de la vie et de traverser le tragique de l'existence auquel nous sommes tous confrontés un jour ou l'autre.

---

## Pour aller plus loin…

Même si les questions qui vont suivre vous apparaissent difficiles, prenez le temps d'y répondre avec calme et recul.
Si cela se révèle pour vous vraiment trop difficile, vous troublant intérieurement de manière trop vive, fermez cet ouvrage et reprenez-le demain directement au jour 11.
Il y a un temps pour tout, et il ne faut jamais forcer le temps !

Et si aujourd'hui vous alliez vivre votre dernière journée ?
Y a-t-il des mots que vous souhaiteriez dire à votre entourage ? Lesquels ?
Y a-t-il des choses que vous aimeriez faire ? Lesquelles ?
Y a-t-il des pardons que vous souhaiteriez donner, des réconciliations que vous souhaiteriez entreprendre ?

« J'ai eu un accident de voiture sans gravité, mais qui m'a causé beaucoup de peur, car j'ai cru que j'allais mourir. Dès que je suis rentrée à la maison, j'ai dit à mon conjoint que je l'aimais, paroles que je n'avais pas prononcées depuis longtemps. » *(Un témoin.)*

Et si aujourd'hui l'un de vos proches allait disparaître, qu'aimeriez-vous lui dire que vous ne lui avez pas dit ?
Ne pensez-vous pas que cette perspective vous inciterait à regarder la vie d'une autre manière, en ne vous consacrant qu'aux choses importantes ?
« Je n'arrêtais pas de critiquer mon conjoint parce qu'il ne rangeait pas ses affaires. Cela avait pris de telles proportions que je ne le supportais plus. Il a eu un accident et j'ai eu peur de le perdre. Depuis, j'ai revu mes priorités ! » *(Un témoin.)*

N'oublions jamais qu'il faut nous aimer sur terre, qu'il faut nous aimer vivants ! N'attendons pas le cimetière, il faut nous aimer avant...

# Jour 11

## *Maurice Zundel a dit*[1]...

L'homélie qui va suivre n'est compréhensible que si nous croyons en l'Homme ; ce que nous avons vu précédemment...

Mais comment ne pas croire en l'Homme quand la Bible nous dit que celui-ci a été créé à l'image de Dieu et qu'il est appelé à la ressemblance ?

Comment croire en l'autre si nous ne reconnaissons pas que tous nous avons été créés à l'image de Dieu, et que même dans celui ou celle que « je n'aime pas » se trouve cette image ?

« Il n'y a pas de liens qui puissent se comparer avec les liens qui unissent un enfant à sa mère. Les études de psychanalyse montrent, avec évidence, que cette influence de la mère est à la fois unique, irremplaçable, éternelle. »

1. Maurice Zundel, « Le premier chemin vers Dieu, nous-mêmes », in *Ton visage, ma lumière*, *op. cit.*

*Avant de continuer, prenez le temps de méditer cette pensée…*

« Si cela est vrai entre une mère et son enfant, cela n'est pas moins vrai entre Dieu et nous. Dieu est infiniment plus mère que toutes les mères. »

*Avant de continuer, prenez le temps de méditer cette pensée…*

« Il voit chacun d'entre nous dans son unicité. Il n'y a pas une âme qui soit absolument identique à une autre. Chaque âme a un secret particulier, et chaque âme est une révélation de Dieu qui est absolument irremplaçable. »

*Avant de continuer, prenez le temps de méditer cette pensée…*

« Dieu seul peut nous accomplir. Dieu seul peut nous engager dans l'aventure qui suscitera tout notre enthousiasme. Dieu seul peut nous dire qui nous sommes. »

*Avant de continuer, prenez le temps de méditer cette pensée…*

*N'hésitez pas à relire ces pensées, puis à fermer les yeux pour les laisser résonner…*

# Quelques mots pour la route…

Il y a quelques années, un ouvrage intitulé *L'estime de soi*, du psychiatre Christophe André, s'est vendu en quelques mois à plusieurs dizaines de milliers d'exemplaires. Un tel succès semble montrer à quel point nombre de nos contemporains, vous peut-être, n'ont pas confiance en eux, ne s'aiment pas et n'ont pas dès lors l'estime d'eux-mêmes.

À cela, de très nombreuses raisons sont possibles et notamment l'absence d'un regard aimant…

De nombreux psychologues et psychanalystes ont montré dans leurs œuvres combien dans cette construction le regard d'une mère est fondamental. Comme le dit Maurice Zundel, qui, notons-le au passage, avait dû lire nombre d'ouvrages de psychologie, cette influence de la mère est à la fois unique, irremplaçable, éternelle. Un psychiatre bien connu, le professeur Marcelli, spécialiste des enfants et des adolescents, a ainsi pu écrire dans un ouvrage au titre suggestif, *Les yeux dans les yeux* :

« Quand la mère pose doucement ses yeux sur ceux de son bébé, ce dernier maintient son regard dans celui de sa mère et semble littéralement animé d'un souffle de vie partagé. »

Mais ce regard de la mère peut faire défaut, pour des raisons parfois indépendantes de la volonté de la mère elle-même, et liées à sa propre histoire. Commence alors pour l'individu un travail de reconstruction long et difficile qui, grâce à la parole, peut permettre à la personne d'advenir à elle-même. Notons au passage, même si ce n'est ni l'objet de cet ouvrage ni l'objet de notre propos, que le regard du père est lui aussi fondamental. Certains auteurs, Lacan par exemple, l'ont bien montré dans leur œuvre, expliquant cependant que l'opérativité du père est dépendant du regard que la mère a sur lui…

Dans ce travail de reconstruction, et parce que l'homme est à la fois corps, âme et esprit, la foi peut tenir une place importante. Ainsi, pour Maurice Zundel, « Dieu est infiniment plus mère que toutes les mères ». Dans une culture judéo-chrétienne, où l'on n'a eu de cesse qu'on ne mette en avant la masculinité de Dieu, allant jusqu'à le représenter avec une grande barbe blanche, une telle affirmation a pu vous surprendre. Et pourtant, dans sa progressive révélation aux Hommes, Dieu n'a eu de cesse qu'il ne montre son souci de l'homme, souhaitant tout partager avec lui, y compris sa propre divinité. Dieu n'est donc pas ce « pharaon » (l'expression est de Maurice Zundel) trop souvent représenté. Il n'est pas non plus un chef guerrier supprimant ceux et celles qui ne pensent pas comme lui. Enfin, il n'est pas ce juge tenant une comptabilité de nos bonnes et de nos mauvaises actions, nous déclarant au final coupables ou non coupables.

Dieu est tendresse et pitié, lent à la colère et riche en miséricorde.

Maurice Zundel nous invite aujourd'hui à prendre conscience que Dieu nous a créés par amour.

On retrouve ici le regard aimant que Jésus posa sur le jeune homme riche, tel que l'Évangile nous le rapporte.

Car oui, quelle que soit notre histoire, chacun d'entre nous est unique aux yeux de Dieu. Aucune âme n'est identique à une autre, et chacun d'entre nous est irremplaçable. À une époque où l'on a tendance à dire au contraire que « nul n'est irremplaçable », et que si nous ne sommes pas contents de notre travail, d'autres sont prêts à prendre notre place, une telle parole est riche de conséquences.

Qui que nous soyons, quels que soient notre histoire et le regard que nous portons sur elle, nous sommes uniques aux yeux de Dieu. Pour lui, nous avons de l'importance, pour lui nous comptons.

Alors, dans les jours sombres où nous ne croyons plus en nous, dans les jours sombres où il peut nous arriver de dire que, finalement, « là ou pas là », cela n'a pas d'importance, pensons à ce regard de Dieu posé sur nous.

Alors, quand nous ne croyons plus en l'Homme, quand nous trouvons les autres hostiles ou insignifiants, agressifs ou inexistants, pensons que Dieu les aime comme une mère, autant qu'Il nous aime. Cet amour de Dieu pour l'Homme, cette tendresse de Dieu pour l'Homme, constitue ainsi une invitation à se regarder « autrement », et à regarder l'autre autrement.

Dès lors, un autre monde est possible, dès lors un autre monde est en marche.

# Jour 12[1]

1. Si vous lisez cet ouvrage durant le Carême, ce jour correspond au deuxième dimanche de Carême. Nous ne vous proposerons pas la rubrique « Pour aller plus loin… ».

## Maurice Zundel a dit[1]...

Pour percevoir la saveur des extraits qui vont suivre, il vous faut accepter au préalable de plonger dans ce que les mystiques anglais appellent le « nuage d'inconnaissance » et de passer de la lumière du connu aux ténèbres de l'inconnu afin d'accéder à la Lumière de Dieu.

« Il n'y a pas de morale chrétienne. Il y a une mystique chrétienne. L'immense majorité des chrétiens ne s'en sont pas aperçus... Dans le Christ, il n'y a pas de loi. Dans le Christ commence un régime nouveau, le régime de la grâce qui est le régime de la liberté, qui est le régime de l'amour. »

*Avant de continuer, prenez le temps de méditer cette pensée...*

1. Maurice Zundel, « Morale et mystique », in *Ton visage, ma lumière*, *op. cit.*

« Permis ou défendu, ce sont des choses qui n'ont pas de sens au regard de l'Évangile, parce que Dieu n'est plus conçu comme extérieur à nous, comme un étranger levé sur une montagne, et qui donne sa loi parmi les déchaînements de la foudre et du tonnerre. »

*Avant de continuer, prenez le temps de méditer cette pensée…*

« Nous voyons dans l'Évangile s'esquisser une nouvelle morale… C'est l'ordre de l'amour qui importe, c'est le don de soi, c'est la générosité provoquée par la générosité divine. »

*Avant de continuer, prenez le temps de méditer cette pensée…*

« Ce ne sont pas les paroles de Jésus qui ont accompli la grande révolution, c'est sa personne elle-même ; car en Jésus, Dieu se manifeste sous un aspect inconnu, merveilleux, imprévisible… »

*Avant de continuer, prenez le temps de méditer cette pensée…*

*N'hésitez pas à relire ces pensées, puis à fermer les yeux pour les laisser résonner…*

# Quelques mots pour la route…

Dans le premier Testament, Dieu s'adresse aux hommes en disant : « Mes pensées ne sont pas vos pensées, mes chemins ne sont pas vos chemins… »

Dans le second, Jésus déclare : « Vous êtes en ce monde, mais pas de ce monde. »

Dès lors, les propos de Maurice Zundel, qui peuvent apparaître à première lecture surprenants, deviennent audibles.

Ils nous introduisent à une nouvelle réalité, bien différente de celle que nous connaissons, bien loin de celle qui fait notre quotidien et qui nous rassure. Ainsi, dans le cadre de notre vie de croyant, nous sommes sans cesse appelés à passer de la lumière du connu aux ténèbres de l'inconnu, afin d'accéder à la vraie Lumière, celle de Dieu. Trop souvent, en effet, on nous présente l'aventure spirituelle comme le passage des ténèbres à la Lumière : ténèbres du péché, ténèbres de l'homme, Lumière de Dieu, Dieu lumière…

Une telle présentation a le gros inconvénient d'opposer l'Homme à Dieu, d'opposer le créé à l'incréé, d'opposer le fini à l'infini.

Or, avec le Christ, vrai Dieu et vrai Homme, Dieu lui-même nous révèle que cette opposition n'a pas de sens. C'est Dieu, infini et incréé, qui a créé le fini, l'Homme, afin de lui permettre d'accéder à l'infini.

Dès lors, opposer la terre et le ciel, le céleste et le terrestre n'a plus de sens puisque la terre devient le tremplin vers le ciel, puisque le céleste vient à la rencontre du terrestre…

L'aventure spirituelle nous demande ainsi d'accepter de passer de la lumière rassurante du connu aux ténèbres de ce que nous ne connaissons pas encore mais qui est déjà là depuis que Dieu s'est fait Homme.

Ne nous voilons pas la face, c'est un chemin difficile. Il nous faut quitter nos habitudes, nos manières de voir, souvent transmises de génération en génération, ce qui demande un certain effort.

Nous ouvrir à d'autres horizons constitue donc le préalable indispensable avant d'accéder à la lumière de Dieu.

Ainsi en est-il de cette homélie de Maurice Zundel. « On » a pu, en effet, nous présenter une religion catholique très moralisante, distinguant sans cesse le permis et l'interdit, édictant des règles de conduite, dont toute transgression entraînait la punition divine !

C'est à cela que Maurice Zundel s'attaque aujourd'hui, nous montrant que Jésus a réellement inauguré une nouvelle manière de voir Dieu, bien loin des images « réglementaires » que nous avons parfois pu véhiculer.

Oui, avec le Christ, le christianisme ne peut être réduit à une morale.

Oui, avec le Christ, il n'y a plus de loi, car avec lui, nous vivons sous le régime de l'amour.

Oui, avec le Christ, il n'y a plus de permis ou de défendu, car Dieu n'est pas un juge extérieur à nous-mêmes.

Oui, avec le Christ, Dieu n'est plus lointain, mais au contraire comme proche de nous, même s'il demeure le Tout Autre.

Trop souvent, en effet, nous avons pu confondre altérité et distance.

Ce n'est pas parce que Dieu est Dieu, et donc Tout Autre, qu'il est pour autant loin de l'Homme.

Bien au contraire, Dieu s'est fait tellement proche de l'homme qu'il a été jusqu'à accepter d'être arrêté injustement, jugé injustement, condamné injustement, crucifié injustement.

Toutes ces injustices, Dieu les a transcendées, dépassées, nous invitant à les dépasser avec lui, et à tout mettre sur le régime de l'amour, du don de soi.

Et tout cela, il l'a fait non pas par des paroles, mais par sa personne elle-même, par ce qu'il est, par ce qu'il nous invite à devenir.

Laissons-nous bousculer…

# Jour 13

Un ancien disait : « Ne fais rien sans prière, et tu n’auras pas de regret. »

## Quelques mots pour la route...

Cette parole d'un ancien nous rappelle que dans notre désir de croître et de grandir humainement et spirituellement, la prière est appelée à tenir une place toute particulière. Je dis « est appelée » car je n'aime pas dire « doit tenir une place ». En effet, et vous l'avez sans doute remarqué, je me méfie des « il faut que... », « je dois... ».

Cela remonte sans doute à une conférence à laquelle j'étais invité et où une personne m'a interpellé en disant : « Mon père, dites-nous que la messe du dimanche est obligatoire et que nous devons y aller. » Je ne vous cache pas que cette question m'a, à l'époque, mis mal à l'aise.

Je crois, bien sûr, que la célébration du dimanche constitue un moment fondamental dans la vie d'un chrétien. Pour ceux et celles qui n'en seraient pas persuadés, je vous renvoie à un magnifique texte du pape Jean-Paul II intitulé *Le Jour du Seigneur*[1]. Dans celui-ci, le pape se fondant sur l'Écriture et la Tradition expose les fondements du dimanche pour un chrétien, première journée de la semaine. Mais, il va plus loin et montre que si le dimanche est le jour du Seigneur, il est aussi le jour de l'Homme, car avec le Christ, Dieu s'est fait Homme. Dès lors, en célébrant le Christ, on célèbre aussi l'Homme qui, créé à l'image de Dieu, est appelé à la ressemblance.

Je crois, bien sûr, que l'Eucharistie est « source et sommet » de la vie chrétienne comme l'a souligné avec insistance le concile Vatican II. N'est-il pas merveilleux de penser que Dieu se donne à nous complètement, nous invitant à devenir par grâce ce qu'Il est ? Avons-nous conscience que ce n'est pas nous qui absorbons le corps du Christ, mais que c'est Lui qui nous absorbe ?

Je crois, bien sûr, que l'on ne peut se contenter de déplorer que le pourcentage de chrétiens pratiquants ne cesse de baisser chaque année… Un tel phénomène constitue pour tous les catholiques et pour leurs pasteurs un défi qui doit nous « interpeller », selon l'expression consacrée.

1. Si vous souhaitez aller plus loin, je vous invite à lire le commentaire que j'en ai fait dans l'ouvrage *Le dimanche, c'est sacré !*, Desclée de Brouwer, 2009.

Mais avons-nous suffisamment expliqué, ou témoigné, que la célébration eucharistique, telle qu'elle est conçue aujourd'hui, constitue un magnifique voyage intérieur ? Ainsi, si nous y arrivons fatigués, parfois loin de Dieu, celui-ci nous relève, nous restaure, nous régénère, fait de nous un être nouveau, se donnant à nous par sa Parole et par son corps.

C'est en paix que nous quittons alors l'église où, une fois que les portes sont franchies, tout commence, tout recommence, mais dans la lumière.

Dès lors, je crois et suis persuadé que l'on ne se rend pas à un tel rendez-vous par obligation, par habitude, mais avec désir et passion…

Il en est de même pour la prière, dont nous parle abba Sisoés. La prière est l'expression d'un désir, du désir de dire à Dieu que nous l'aimons et que lorsque nous pensons à lui notre cœur s'embrase.

Est-ce par obligation que l'on dit à ceux et celles que nous voyons de nos yeux que nous les aimons ?

Bien sûr que non !

Si nous le faisons, c'est que nous en ressentons le désir.

Il en est de même pour Dieu que nous ne voyons pas…

## Pour aller plus loin…

Beaucoup d'entre nous ont du mal à trouver le temps de prier, et beaucoup ne savent pas comment prier. Je vous propose donc ci-dessous quelques définitions de la prière. Lisez-les lentement, puis classez-les en commençant par celle qui vous parle le plus pour finir par celle dont vous vous sentez le plus éloigné(e). Gardez ce « classement ». Reprenez-le dans quelques semaines, dans quelques mois, quelques années. Il y a beaucoup de chances qu'il ait changé !

« La prière est une relation intime de l'esprit avec Dieu » (Évagre le Pontique, IVe siècle).
« La prière est un entretien avec Dieu » (Clément d'Alexandrie, IVe siècle).
« La prière est […] la conversation et l'union de l'homme avec Dieu » (Jean Climaque, VIe-VIIe siècle).
« La prière est le lien qui unit les créatures à leur Créateur » (Grégoire Palamas, XIVe siècle).
« La prière, c'est le Royaume » (Isaac le Syrien, VIe siècle).
« La prière : un ami qui parle à un ami et qui sait se taire pour l'écouter » (saint Ignace de Loyola, XVIe siècle).
« La prière, ce n'est pas beaucoup penser ; la prière, c'est beaucoup aimer. »
« Pour moi, la prière, c'est un élan du cœur, c'est un simple regard jeté vers le ciel, c'est un cri de reconnaissance et d'amour au sein de l'épreuve comme au sein de la joie » (sainte Thérèse de l'Enfant-Jésus, XIXe siècle).

# Jour 14

Abba Yohan a dit : « Ce n'est pas ce que nous mangeons qui nous nourrit, mais ce que nous digérons. Ce n'est pas la foi que nous professons qui nous sanctifie, mais celle que nous mettons en pratique. »

# Quelques mots pour la route...

Abba Yohan ne fait pas partie des Pères du désert les plus connus et pourtant, comme Jésus lui-même, il utilise des images simples à comprendre, des images qui nous touchent directement.

Ainsi, son parallèle entre la foi et les aliments semble particulièrement pertinent. Il existe, en effet, dans le langage populaire nombre d'expressions qui assimilent les paroles à des aliments, certaines de manière positive, d'autres de manière négative.

Ainsi dit-on couramment :

« Je n'ai pas digéré ses paroles. »

« Ce qu'il a dit me reste en travers de la gorge. »

« Cette conférence était indigeste. »

« L'humiliation ne se digère jamais, elle se vomit. »

Mais aussi :

« Je me nourris de ce qu'il m'a dit. »

« Prenez le temps de digérer ce que vous avez entendu. »

« La Parole de Dieu se rumine. »

Dans tous les cas, il semble bien que pour être profitable, la parole, comme les aliments, doit être assimilée, digérée. Si ce n'est pas le cas, celle-ci nous reste sur l'estomac, nous rend malades, et n'est dès lors d'aucune utilité.

Il en est de même de la foi qui se transmet par des paroles.

Après la phase de réception des données de la foi, il y a la phase d'absorption, d'assimilation, de digestion…

Le processus est complexe et, très souvent, je constate chez les uns et les autres qu'à une phase de rejet de ce qui a été transmis succède une phase d'appropriation.

Cela explique sans doute le fait qu'après avoir reçu une éducation chrétienne nombre de personnes tournent le dos à l'Église, avant de devenir des recommençants.

Cette phase est indispensable et ne peut advenir que s'il y a une rencontre personnelle avec le Christ.

Cette rencontre se fait la plupart du temps grâce à des témoins. Témoins qui nous touchent moins par leurs mots que par ce qu'ils sont, ce qu'ils vivent.

Rien n'est plus destructeur, en effet, qu'un chrétien, prêtre ou laïc, qui vit exactement le contraire de ce qu'il professe.

> « Mon curé nous parle sans cesse d'amour et, pourtant, il a mauvais caractère et ne cesse de râler après tout le monde. De plus, je le vois rarement sourire ! »
>
> *(Un témoin.)*

Dès lors, on comprend que de tout temps, du temps d'abba Yohan et du nôtre, les disciples du Christ se soient méfiés des belles paroles, des belles phrases et des beaux discours qui ne s'inscrivent pas dans une manière d'être.

> « Mon patron ne cesse de se vanter d'avoir été élevé par les jésuites, et pourtant quand il s'adresse à nous, on dirait qu'il s'adresse à des choses. Depuis que je le connais, je ne mets plus les pieds à la messe car, visiblement, cela ne sert à rien. »
>
> *(Un témoin.)*

Être témoin, oui, mais pas que par des mots…

---

## Pour aller plus loin…

Surtout évitons de tomber dans un discours moralisateur et culpabilisateur qui ne mènerait à rien.
Prenons simplement conscience que cette parole d'abba Yohan possède une dimension certes

personnelle, mais aussi communautaire, qu'il faut bien se garder d'oublier.

En effet, il est souvent reproché aux communautés chrétiennes de ne pas être accueillantes, et certains nouveaux arrivants dans une paroisse ont parfois bien du mal à trouver leur place.

Il est important d'être vigilant car nos communautés n'échappent pas à certains phénomènes de groupe, qu'il s'agisse de la place du « chef », du « bouc émissaire » et de bien d'autres choses encore.

L'enjeu est là, car si nos communautés ne sont que le miroir de ce qui se passe dans le monde, elles ne seront témoins de rien.

Nos communautés sont appelées à devenir le miroir de la Jérusalem céleste, avec les valeurs qui la constituent : l'amour, la bienveillance, la patience...

Cessons de critiquer nos voisins, mais faisons comme saint Paul qui estimait les autres supérieurs à lui-même.

Dans notre parcours de croissance humaine et spirituelle, cette dimension du « vivre ensemble » est fondamentale.

Nous ne deviendrons vraiment disciples du Christ que si réellement nous sommes capables d'accueillir, sans le juger, l'autre, celui qui est différent de moi, qui ne pense pas comme moi.

Ne succombons pas pour autant à la tentation de n'accueillir que « la différence qui nous ressemble », et de devenir un ghetto.

Tout cela vous apparaît bien difficile.

Prenez le temps d'en parler avec d'autres et de réfléchir concrètement à la meilleure manière de vivre ensemble.

# Jour 15

Abba Macaire a dit : « Quand j'étais enfant, je faisais paître les veaux avec les autres garçons, et ils allèrent voler des figues. Or, tandis qu'ils déguerpissaient l'une d'elles tomba ; je la pris et je la mangeai. Et quand je me rappelle cela, je m'assois en pleurant. »

# Quelques mots pour la route…

Cette confession d'abba Macaire, rapportée par l'un de ses disciples, peut nous faire sourire !

Pourquoi tant de scrupules ?

Après tout, il ne s'agissait que d'une figue, certes volée ! Pas de quoi en faire une montagne !

Ne « pousse-t-il pas un peu », encourageant ainsi la sur-culpabilité judéo-chrétienne dont nous avons encore tant de mal à sortir ?

Pourtant, la tristesse d'abba Macaire, face à ce geste *a priori* sans importance, nous pousse à nous interroger.

Pourquoi abba Macaire pleure-t-il bien des années plus tard en repensant à cet épisode du passé ?

Ne se joue-t-il pas ici quelque chose de fondamental pour nous dans notre suite du Christ ?

C'est pourquoi, animés par ce souci de grandir et de croître humainement et spirituellement, nous ne pouvons repousser d'un geste cet aveu d'abba Macaire.

Celui-ci n'a-t-il pas, en effet, tout au long de sa vie, témoigné d'une grande sagesse, sagesse qui lui valu une très forte renommée de son vivant ?

Certes, ce qu'il nous dit aujourd'hui peut nous faire sourire. Mais est-ce une raison pour refuser de l'entendre ? Comme je l'ai déjà souligné, à ne lire et à n'entendre que des choses qui vont dans notre sens, qui nous font plaisir, ne risquons-nous pas de faire du surplace, y compris spirituellement ?

Alors essayons ensemble de percevoir ce qu'abba Macaire veut nous dire.

Ne chercherait-il pas, par exemple, à nous faire prendre en horreur tout ce qui nous sépare de Dieu, qu'il s'agisse de petites ou de grandes choses ?

Certes, durant un temps, l'Église a distingué les péchés véniels et les péchés mortels, établissant une « échelle » de gravité dans le péché.

Abba Macaire veut aller plus loin.

Il souhaite nous montrer qu'il n'existe pas de petites ou de grandes fautes, mais que tout ce qui nous sépare de Dieu nous égare. Prenons l'image d'un bateau. Celui-ci coule rapidement si une grosse brèche s'ouvre dans son flanc. Mais il coulera tout aussi sûrement si une petite fuite remplit peu à peu la cale…

Alors, en cette période où nous souhaitons croître et grandir humainement et spirituellement, prenons les moyens d'éliminer tout ce qui nous sépare de Dieu et laissons-nous réconcilier !

Pour cela, nous pouvons notamment aller trouver un prêtre afin de demander le sacrement de réconciliation.

Celui-ci a, semble-t-il, peu de succès si l'on en juge par le petit nombre de personnes qui vont se confesser. Pourtant, prêtre depuis près de dix ans, je « sens » que les choses sont actuellement en train de changer et que beaucoup redécouvrent aujourd'hui ce sacrement.

Cela ne m'étonne pas ! Peut-on vivre sans pardonner, peut-on vivre sans se sentir pardonné ?

Je ne le pense pas. Tous, nous sentons bien que le pardon reçu et donné constitue un élément indispensable si nous souhaitons continuer à avancer.

Certains mystiques, en parlant du confessionnal, parlaient de l'« infirmerie de Dieu ».

Une telle façon de voir a changé ma manière de donner ce sacrement. Laissons-nous guérir…

---

## Pour aller plus loin…

Au début du siècle dernier, un prêtre nommé Tanquerey publia un *Traité de théologie mystique et ascétique*. S'inscrivant dans une tradition qui remonte à Pythagore, il proposait de nous « examiner » afin de discerner ce qui nous sépare de Dieu.

Je vous invite tout simplement aujourd'hui à méditer ce qu'il nous dit sur cet examen :
« a. Pour bien s'examiner, il faut avant tout invoquer les *lumières du Saint-Esprit*, qui scrute les reins et les cœurs, et le prier de nous montrer les plis et replis de notre âme. »
« b. Il faut ensuite se mettre *en face de Jésus*, le modèle parfait dont nous devons nous rapprocher chaque jour, adorer et admirer non seulement les actes extérieurs, mais encore et surtout ses dispositions intérieures. »
« Alors, nos défauts et nos imperfections apparaîtront beaucoup plus clairement par le contraste que nous remarquerons entre nous et ce divin modèle. Mais nous ne serons pas découragés puisque Jésus est en même temps le médecin des âmes, qui ne demande qu'à panser nos plaies et à les guérir. Lui faire pour ainsi dire sa confession, en lui demandant humblement pardon, est une excellente pratique. »
« c. C'est alors que nous entrerons au plus intime de notre âme : des *actes extérieurs* nous remonterons aux dispositions intérieures qui les inspirent, à leur cause profonde. Ainsi, lorsque nous avons manqué à la charité, nous nous demanderons si c'est par légèreté, par envie ou jalousie, ou pour faire de l'esprit ou par loquacité. »

# Jour 16

« Il y a un homme qui paraît se taire et son cœur condamne les autres ; un tel homme parle sans cesse. Au contraire, il en est un autre qui parle du matin au soir, et qui pourtant garde le silence, parce qu'il ne dit rien qui ait une utilité spirituelle. »

# Quelques mots pour la route…

La langue, toujours la langue !

Depuis des millénaires, la Bible ne cesse de nous mettre en garde contre les méfaits possibles de cet organe de quelques centimètres carrés.

Et pourtant, celle-ci, aujourd'hui comme hier, ne cesse d'étendre ses ravages, non seulement à l'échelle mondiale, mais plus sournoisement au sein de nos familles, et même de nos communautés chrétiennes, comme le souligne très souvent le pape François…

Lequel d'entre nous n'a pas fait l'expérience de ces repas de famille qui, commencés dans la bonne humeur, dérapent brutalement à cause d'un mot de trop, un mot lâché trop vite, un mot qui fait mal, un mot que l'on n'arrive pas à rattraper ?

Nos communautés chrétiennes elles-mêmes devraient constituer des exemples de bonne utilisation des mots et de la langue. Nous sommes malheureusement loin du compte, car si c'était le cas, on ne parlerait pas d'« esprit de clocher » ou de « querelles de chapelle ». Comme j'ai déjà eu l'occasion de l'écrire, je rêve qu'un jour l'expression populaire « avoir l'esprit de clocher » soit synonyme de tolérance et d'amour.

Vous trouvez que j'exagère ?

Permettez-moi de vous raconter une anecdote. L'un de mes confrères me racontait récemment qu'à son arrivée dans sa nouvelle paroisse, une personne était venue le voir afin de lui offrir son aide pour différentes activités. Elle posa cependant une condition : ne pas se retrouver avec Mme X. et Mme Y., « car vous comprenez, mon père, Mme X. est une personne qui… Quant à Mme Y… ».

De tels propos peuvent faire sourire ; personnellement, je les trouve tragiques ! Si Dieu en nous créant nous a « équipés » d'une langue, ce n'est certainement pas pour l'utiliser au détriment de notre prochain.

Grâce à notre langue, nous pouvons communiquer avec l'autre par la parole. Nous savons bien que nous n'advenons à nous-mêmes que grâce à l'autre, que grâce à la parole constructive de l'autre.

La parole est donc fondamentale dans notre croissance humaine et spirituelle, et c'est par des paroles que le Christ a mis debout, tout au long de sa vie terrestre et tout au long des siècles, des hommes et des femmes de tout âge et de toutes conditions, les poussant à aller au-delà d'eux-mêmes.

C'est donc à la vigilance dans nos propos que nous appelle l'auteur de la citation de ce jour, fixant à chacun d'entre nous des objectifs.

On pourrait croire, en effet, que l'Homme sage est celui qui se tait.

Ce serait trop simple, voire simpliste.

Un Homme qui se tait peut dans le même temps condamner les autres intérieurement.

Ce n'est donc pas au silence que nous appelle ce Père du désert, mais à la bonne utilisation de notre langue et de nos paroles. À son invitation, je me suis fixé, à leur lecture, une règle de conduite : désormais et avant chaque rencontre, je me demande ce que je vais pouvoir retenir des propos de mes interlocuteurs et ce que moi j'ai à leur donner de constructif.

La vie est courte, ne gaspillons pas nos mots…

---

## Pour aller plus loin…

Un ami m'a raconté récemment l'histoire suivante : « Un homme alla un jour trouver le curé de son village qui avait la réputation d'être un sage afin de lui parler d'une personne de la paroisse. Le prêtre,

avant de l'écouter, lui demanda s'il avait pris soin d'utiliser les trois filtres.
– Quels sont ces trois filtres ? lui demanda l'homme un peu surpris.
– Le premier filtre est celui de la vérité. Ainsi, es-tu sûr des informations que tu vas me donner, en as-tu la preuve directe ?
L'homme lui déclara :
– On m'a dit que...
– Bien, lui dit le prêtre, ces informations que tu désires me communiquer, tu n'en as pas été le témoin direct et tu les rapportes sans les vérifier. Passons au deuxième filtre, celui de la charité. Est-ce que les informations dont tu veux m'entretenir sont imprégnées de charité ?
– Non, répondit l'homme. Je crois même qu'elles vont te faire de la peine, dit-il un peu gêné.
– Passons alors au troisième filtre. Est-il utile que tu me donnes ces informations ?
L'homme, baissant la tête, déclara dans un souffle :
– Dans le fond, je n'en suis pas sûr.
– Alors, lui dit le prêtre, tais-toi ! »

Cette petite histoire ne constitue-t-elle pas pour chacun d'entre nous une invitation à « tourner sept fois la langue dans sa bouche avant de parler » ? Concrètement, elle nous incite :
– À ne pas relayer des informations transmises et qui sont peut-être fausses.
– À tout faire pour que nos paroles soient imprégnées de charité.
– À ne parler que lorsque cela est vraiment utile.
Tout cela vous paraît difficile et théorique ?
Regardez le Christ. Dans notre parcours, il est le modèle.

Relisez la manière dont il parle à ceux et celles qui ont croisé sa route, et dont certains étaient loin de partager son idéal de vie. Il n'a jamais jugé, mais a toujours cherché à grandir l'autre, tout en maintenant son cap.

# Jour 17

Abba Arsène a dit : « De toute ta force, lutte pour que ton activité intérieure soit selon Dieu, et tu vaincras les passions extérieures. »

# Quelques mots pour la route...

Il y a bien longtemps, sortant à peine de l'adolescence, j'avais exprimé à mes parents le désir de prendre un peu de recul par rapport à ma vie.

Je cherchais alors quel était le sens de l'existence, et je souhaitais discerner ce que Dieu attendait de moi.

Pour cela, je partis à l'abbaye de Saint-Benoît-sur-Loire où, très vite séduit par le calme et la vie monacale, je passai près de quinze jours.

Ayant demandé un accompagnement spirituel, je rencontrais tous les deux jours un moine, et nous avions de grandes discussions sur le sens de la vie, ce mot recouvrant pour moi deux réalités distinctes :

– « Pourquoi », « pour quoi » vivre ?

– Quelle direction donner à ma vie ?

Sans vraiment m'en rendre compte, je me plaignais des « tentations » auxquelles j'étais confronté, des difficultés de l'existence, du manque de perspectives de la société de consommation dans laquelle nous vivions et de bien d'autres choses encore...

Je conclus alors, convaincu d'avoir trouvé la source de tous mes maux, que tous ces obstacles et tentations extérieurs m'empêchaient de croître humainement et spirituellement. Dans ce monastère, avec sa vie bien réglée, son absence de stress, tout au contraire me semblait simple.

Le moine m'écouta avec beaucoup d'attention et déclara : « Si tu n'arrives pas à marcher, ce n'est pas à cause des pierres du chemin, mais du petit caillou qui se trouve dans ta chaussure. »

Ses paroles me laissèrent bouche bée. Mais il avait visé juste. Dès le lendemain, je repartis pour Paris.

Je n'ai jamais oublié la leçon, et les paroles d'abba Arsène en ravivent aujourd'hui le souvenir.

En effet, le monde est ce qu'il est, avec ses bons et ses mauvais aspects. Nous savons bien que nous ne sommes pas en mesure de changer les événements ou les personnes auxquels nous sommes confrontés. Nous sommes donc avant tout appelés à un travail intérieur, à un travail sur nous-mêmes.

Ce travail, nous ne saurions l'entreprendre seuls, mais il est important de l'accomplir en demandant l'aide de Dieu.

Ce travail intérieur, qui s'inscrit dans la durée, constitue à la fois un travail de nettoyage (éliminer les petits cailloux !) et un travail de construction.

Il s'agit en effet, sous le regard de Dieu et avec lui, de laisser croître et s'affermir notre « colonne vertébrale spirituelle ». C'est elle qui nous permettra, quels que soient notre âge et notre condition, de tenir debout dans la vie afin de pouvoir faire face aux passions extérieures, qui parfois nous feront fléchir, mais qui jamais ne nous casseront !

Nous pouvons parfois être tentés de choisir une autre voie et de nous construire une carapace afin de ne plus être blessés par le monde. Une telle voie constitue à mes yeux une impasse. En effet, si dans un premier temps se forger une armure peut apparaître satisfaisant, force est de constater qu'une armure est lourde et que dessous on manque d'air. Dès lors, nous risquons de mourir écrasés ou étouffés. La colonne vertébrale, elle, nous permettra de rester debout, même si parfois nous sommes blessés.

Alors chaque jour, travaillons à cette activité intérieure en tournant notre regard et nos pensées vers celui qui est la vie.

---

## Pour aller plus loin…

Afin de nous débarrasser de tous ces cailloux qui nous empêchent de marcher, écoutons ce que nous dit Tanquerey, déjà rencontré dans notre parcours (jour 15) :

« 1. En général, il faut s'attaquer au défaut dominant en s'efforçant de pratiquer la vertu contraire : ce défaut est en effet le grand obstacle, le général en chef de l'armée ennemie ; lui vaincu, toute l'armée est en déroute.

« 2. Le sujet choisi, on s'attaque d'abord aux manifestations extérieures de ce défaut, afin de supprimer ce qui offusque ou scandalise le prochain ; ainsi, pour la charité, on commencera par diminuer et supprimer les paroles ou actes contraires à cette vertu.

« 3. Mais de là, il faut remonter, sans trop de retard, à la cause intérieure de nos fautes, par exemple, aux sentiments d'envie, au désir de briller en conversation… qui peuvent en être la source.

« 4. Il importe de ne pas se borner au côté négatif de la lutte contre les défauts, mais de cultiver avec soin la vertu qui leur est opposée : on ne supprime que ce qu'on remplace… »

Tanquerey précise que cet examen doit s'accompagner :

– D'un vif sentiment de reconnaissance à l'égard de Dieu qui nous guide sur ce chemin.
– Du désir de nous convertir, c'est-à-dire de changer notre cœur.
– De la prière suppliant Dieu de venir jusqu'à nous.

---

# Jour 18

## *Maurice Zundel a dit*[1]…

À une époque où les visages de l'amour qui nous sont donnés sont parfois bien éloignés de ceux auxquels nous aspirons, il est bon de pouvoir nous interroger.

Que signifie pour vous aimer ?

Croyez-vous en l'amour ?

Si oui, pourquoi ? Sinon, pourquoi ?

« Le Bien est quelqu'un à aimer. Ce n'est pas quelque chose à faire : c'est quelqu'un à aimer … C'est parce que Dieu est ce qu'Il est, c'est parce qu'Il est tout Amour, c'est parce qu'Il est suprême désappropriation […] que le Bien est quelqu'un à aimer, et non d'abord quelque chose à faire. »

*Avant de continuer, prenez le temps de méditer cette pensée…*

1. Maurice Zundel, homélie intitulée « Le bien : quelqu'un à aimer », in *Ton visage, ma lumière*, *op. cit.*, p. 304-308.

« Et nous savons aussi qu'à chaque instant de notre vie posséder quoi que ce soit avec un esprit de possession, c'est se limiter, c'est se rendre esclave, c'est limiter ce à quoi on est attaché, c'est enfermer les choses et les personnes dans ses propres limites. »

*Avant de continuer, prenez le temps de méditer cette pensée…*

« On n'est libre que lorsque l'on est prêt à donner ; libre lorsque surtout, lorsque essentiellement, on est prêt à se donner. »

*Avant de continuer, prenez le temps de méditer cette pensée…*

« Il faut, à chaque instant, naître de nouveau, à chaque seconde, faire un nouveau départ, à chaque seconde nous délivrer de nous-mêmes, nous protéger contre nous-mêmes. »

*Avant de continuer, prenez le temps de méditer cette pensée…*

*N'hésitez pas à relire ces pensées, puis à fermer les yeux pour les laisser résonner…*

# Quelques mots pour la route…

Comme le Christ, Maurice Zundel, porté par l'Esprit, nous invite à aller au-delà de notre horizon personnel, au-delà de nos certitudes, au-delà de ce qui nous a été transmis.

C'est, en effet, le propre de ces êtres « habités » de nous montrer par leurs paroles et leurs actions un horizon insoupçonné.

Passant toujours de la lumière du connu aux ténèbres de l'inconnu, Maurice Zundel nous révèle aujourd'hui que « le Bien est quelqu'un à aimer » !

Parole déconcertante.

En effet, « on » nous a appris qu'il était bien de faire le bien…

Dès lors, pour faire bien, pour être dans la ligne, pour être fidèle à un idéal à atteindre, nous essayons, au fil des jours, de faire le bien là où nous sommes, avec nos moyens.

Ce bien ordinaire, ce bien quotidien qui se traduit dans de multiples actions est le signe visible de notre générosité.

Maurice Zundel essaie-t-il de nous dire aujourd'hui que nous avons tort, et que faire le bien n'est pas bien ? Bien sûr que non !

Une société, une Église dont les citoyens, les membres n'essaieraient pas de « faire » le bien tout au long des jours seraient-elles encore humaines ?

Maurice Zundel nous invite, plus subtilement, à rechercher l'origine de nos actes ; à rechercher ce qui les motive, ce qui les anime.

S'agit-il d'un exercice purement intellectuel ?

Je ne le crois pas. Maurice Zundel ne fait pas partie de ces théologiens qui trouvent leur plaisir avant tout dans la réflexion, dans le fait même de penser.

Tout au long de son œuvre, Maurice Zundel, parfois de manière totalement déconcertante, nous invite à réfléchir mais dans le but de nous permettre d'aller plus loin, d'aller au-delà des apparences, au-delà de la surface des choses. C'est pourquoi, plus que tout autre, il a sa place dans ce parcours.

Son intuition profonde, la clé de lecture, à mes yeux, de toute son œuvre, prend sa source dans l'Incarnation. Dieu s'est fait Homme !

Cette Incarnation, nous chrétiens du III$^{e}$ millénaire n'en avons peut-être pas encore perçu toutes les conséquences.

Dieu s'est fait Homme !

À partir de là :

– la foi n'est plus une question de morale,
– la foi n'est plus une question de concepts,
– la foi n'est plus réservée à quelques intellectuels.

La foi devient rencontre, relation, et s'inscrit au plus profond de notre être, nous rendant brûlants d'amour… Sans cette rencontre, sans cette relation avec Dieu lui-même, on « fait » le bien.

Dès que la rencontre existe, dès qu'une relation est nouée, on aime…

Car oui, on peut être généreux sans pour autant aimer.

Mais alors, à quoi cela sert-il de « faire » si nous faisons sans amour ?

Il existe, en effet, de mauvaises manières d'aimer : celles qui consistent à mettre l'autre sous notre dépendance ou à vouloir qu'il soit tel que nous le concevons, refusant de l'aimer tel qu'il est.

Maurice Zundel nous rappelle dans ces textes qu'aimer, c'est se donner, c'est se déposséder.

C'est un travail sans cesse à entreprendre, un travail sans fin, car jusqu'à notre dernier souffle, nous sommes appelés à naître et à prendre chaque jour un nouveau départ.

Et pour vous, est-ce que le bien réside dans le « faire » ou est-ce quelqu'un à aimer ?

Nous sommes presque à mi-parcours.

Demandez-vous ce qui a pu bouger en vous.

Si vous ne trouvez rien, ne soyez pas triste et ne vous inquiétez pas.

Continuez la route et laissez du temps au temps. N'hésitez pas à parler de vos difficultés, si vous en avez, avec un accompagnateur.

# Jour 19[1]

1. Si vous lisez cet ouvrage durant le Carême, ce jour correspond au troisième dimanche de Carême. Nous ne vous proposerons pas la rubrique « Pour aller plus loin… ».

## *Maurice Zundel a dit*[1]*…*

« L'homme est l'espérance de Dieu ».

Cette affirmation peut apparaître à première vue paradoxale, car on a plus souvent coutume d'entendre que Dieu est l'espérance de l'Homme.

Qu'en pensez-vous ?

« Dieu est tout Amour, Il n'est qu'Amour ! Il ne touche que par sa tendresse, Il ne veut pas nous soumettre, Il n'est pas un maître, Il n'est pas un dictateur, Il n'est pas un despote, Il n'est pas un souverain ! Il est l'Amour que nous ne pouvons atteindre que par notre amour, dans cette réciprocité qui constitue le sens de nos rapports avec Lui. »

*Avant de continuer, prenez le temps de méditer cette pensée…*

1. Maurice Zundel, « L'homme est l'espérance de Dieu », in *Ton visage, ma lumière, op. cit.*

« Dieu n'a pas le goût de la mendicité ! Il ne veut pas nous voir anéantis devant Lui ! Il veut nous communiquer sa dignité, sa liberté ! Il veut faire de chacun ce qu'Il est : un amour universel, un accueil à toute réalité, un bien pour tout l'univers. »

*Avant de continuer, prenez le temps de méditer cette pensée…*

« Et c'est pourquoi nous devons, constamment, combattre en nous cette idée idolâtrique d'un Dieu qui nous poursuit, d'un Dieu qui nous menace, d'un Dieu embusqué au tournant de la route pour nous surprendre, pour nous jeter dans un piège et nous condamner. »

*Avant de continuer, prenez le temps de méditer cette pensée…*

« Dieu n'est jamais pour nous un rival ! Il n'est jamais pour nous une défense, un interdit ! Il est toujours une générosité qui attend et qui attendra éternellement la nôtre. »

*Avant de continuer, prenez le temps de méditer cette pensée…*

*N'hésitez pas à relire ces pensées, puis à fermer les yeux pour les laisser résonner…*

# Quelques mots pour la route...

« Ne parlez pas de Dieu, vous risquez de l'abîmer... » C'est par ces mots rapportés à Maurice Zundel que celui-ci commence l'un de ses ouvrages.

Personnellement, depuis que je les ai lus, c'est avec beaucoup de prudence que je parle de Dieu, et souvent même j'ai mauvaise conscience à parler de lui.

Un comble pour un prêtre ! diront certains.

Pourtant, je commence souvent mes homélies en disant : « Je viens ignorer devant vous... »

En effet :

– si je ne mets pas en doute l'existence de Dieu,

– si mon cœur est brûlant quand je tourne mon regard vers le Christ,

– si depuis des années, il est là, présent dans mon quotidien...

j'ai cependant toujours une certaine appréhension à parler de lui...

Car, en effet :

– c'est avec mes yeux que je le vois,

– c'est avec mes oreilles que je l'entends,

– c'est marqué par mon histoire que je parle de lui…

Alors que chacun d'entre vous :

– le voit avec ses yeux,

– l'entend avec ses oreilles,

– le perçoit dans sa vie avec sa propre histoire…

En quoi mon regard serait-il plus juste que le vôtre ?

En quoi ma « vision » de Dieu serait-elle plus vraie que la vôtre ?

Parce que je suis prêtre ? Bien sûr que non !

L'histoire nous montre, en effet, qu'il a pu arriver à certains hommes d'Église, du « bas », du « haut » clergé, de se fourvoyer.

S'appuyant sur des images perverties de Dieu, en toute bonne foi, ils ont pu s'égarer eux-mêmes et égarer les autres.

Ainsi, et c'est ce que nous montre Maurice Zundel dans ce texte, nous avons pu faire de Dieu une idole menaçante, un rival de l'Homme…

Mais n'accusons pas trop vite l'Église avec un grand « É » ! Membres de l'Église, nous avons tous une responsabilité par rapport à celles et ceux dont nous croisons la route, et notre vision de Dieu dépend parfois de notre propre histoire. Ainsi, et ce n'est qu'un exemple rapide, certains d'entre nous dont le père biologique possédait une forte personnalité projetteront sur Dieu cette image de force. Alors que d'autres, qui ont eu à souffrir d'une trop forte personnalité paternelle, chercheront au contraire une certaine tendresse chez Dieu. Nous sommes donc sans cesse appelés à évangéliser nos « profondeurs » et à « revisiter » sans cesse nos images de Dieu, nous laissant bousculer par la manière dont les autres le perçoivent.

Être croyant ne signifie pas, en effet, être pétrifié dans ses certitudes ; l'arthrose n'est pas seulement physique, elle peut être intellectuelle et spirituelle…

Ce qui est sûr, ce que nous trouvons affirmé avec force dans saint Jean et ce sur quoi Maurice Zundel s'appuie dans ce texte, c'est que Dieu est tout Amour, et qu'Il n'est qu'Amour…

Dès lors :

– Dieu n'est pas le despote parfois présenté, faisant fuir nombre d'hommes et de femmes.

– Les rapports entre l'Homme et Dieu ne sont pas des rapports entre un maître et ses esclaves, mais des rapports de réciprocité.

– Dieu n'est pas ce sadique qui nous fixerait des objectifs inatteignables afin de pouvoir ensuite nous juger et nous condamner.

– Dieu ne sait que se donner, se donner sans mesure, afin de permettre à chacun d'entre nous de devenir ce qu'il est : un être à l'image de Dieu appelé à la ressemblance.

C'est pour cela que l'Homme est l'espérance de Dieu.

Et vous, êtes-vous d'accord avec ce que dit Maurice Zundel ?

Quel est votre regard sur l'Homme ?

S'il est négatif, je vous encourage à trouver quelqu'un avec qui parler afin de vous aider à surmonter ce regard critique, et de voir peu à peu avec les yeux de Dieu lui-même.

# Jour 20

Abba Antoine a dit : « Un temps vient où les hommes seront fous et quand ils verront quelqu'un qui n'est pas fou, ils s'insurgeront contre lui, disant : "Tu es fou", parce qu'il n'est pas comme eux. »

# Quelques mots pour la route...

« Fou », ce mot utilisé trois fois en quelques lignes par abba Antoine peut nous faire peur. En effet, depuis le drame de l'hôpital psychiatrique de Pau survenu en 2003, où deux infirmières ont été assassinées, ou celui de Grenoble en novembre 2008, ce mot est associé – à tort – à violence et crime. J'écris volontairement « à tort » car, ne l'oublions pas, ceux et celles qui pendant des siècles ont été enfermés dans des asiles, désignés comme « fous » par les hommes, sont avant tout des personnes qui souffrent, ne se réduisant ni à leurs actes ni à leur pathologie. Stigmatiser la folie comme on le fait aujourd'hui me blesse. Ainsi, j'ai souffert durant l'été 2008, à l'occasion du meurtre d'un jeune enfant, et en novembre 2008 à l'occasion du meurtre d'un étudiant. J'ai souffert pour leurs familles tout d'abord, face à des meurtres d'une grande cruauté. Mais j'ai souffert aussi pour les patients schizophrènes et leurs familles. À écouter ou à lire certains médias, en effet, tout patient psychotique est un meurtrier en puissance, ce qui constitue à mes yeux un raccourci erroné qu'il faut à tout prix dénoncer.

Alors, plutôt que de pointer du doigt celles et ceux qui sont atteints de maladies psychologiques parfois graves et de les offrir à la vindicte populaire, nous devrions tout faire pour créer des structures adaptées à des pathologies sans cesse en évolution.

De plus, et cela concerne directement notre parcours, dénoncer aussi facilement la folie de l'autre, c'est oublier que ce concept fut utilisé de manière très différente suivant les époques et qu'il faut se garder d'aller trop vite.

Ainsi, pendant un temps, le « fou du roi » a-t-il eu toute sa place à la cour. Il pouvait impunément ou presque en dénoncer les dérives, ainsi que l'attitude ou les décisions du roi lui-même.

À d'autres époques, au contraire, le fou désigna celui ou celle qui ne pensait pas selon les normes officielles, et qui le disait à haute voix… Dès lors, et il n'y a encore pas très longtemps, on l'internait dans des camps afin de « rééduquer » sa pensée. Ces temps sont loin d'être révolus. Ainsi, savez-vous que durant la guerre en Géorgie, en août 2008, des psychiatres sont venus parler à la télévision russe de l'état mental défaillant du président géorgien, état qui pouvait justifier une intervention militaire ?

Le « fou », c'est donc celui qui est différent, celui qui n'agit pas, qui ne pense pas comme les autres, selon des critères fluctuant avec le temps… Le « fou » risque alors de devenir celui que la majorité rejette, car trop différent.

C'est de cela qu'abba Antoine cherche à nous parler aujourd'hui, nous annonçant qu'un jour seront désignés comme fous :

– Celles et ceux qui défendront la vie, qu'il s'agisse de celle de l'embryon ou de celle de la personne âgée grabataire sénile.

– Celles et ceux qui mettront en avant comme modèle de la famille l'union d'un homme et d'une femme.

– Celles et ceux qui, refusant une logique économique implacable, défendront la place de l'étranger au sein de la société, se révoltant lorsque celui-ci est enfermé dans des camps dits de rétention.

– Celles et ceux qui diront à la suite du pape Jean-Paul II qu'il n'y a pas de paix sans justice et pas de justice sans pardon, exprimant ainsi un désir de « vivre ensemble » fondé sur l'absence de rancune.

– Vous peut-être…

N'oublions pas, en effet, que l'Évangile porte en lui-même une « certaine dose de folie ».

N'est-il pas fou aujourd'hui d'accueillir la veuve, l'étranger et l'orphelin comme la Bible nous le demande depuis des millénaires ?

N'est-il pas fou aujourd'hui de croire en un Dieu qui non seulement s'est fait homme, mais qui a accepté de donner sa vie par amour pour nous ?

N'est-il pas fou aujourd'hui de croire que l'image de Dieu est autant présente dans cet homme ou dans cette femme que je n'aime pas et qui me répugne qu'en moi-même ?

N'est-il pas fou aujourd'hui d'aimer ses ennemis ?

N'est-il pas fou de croire que la mort n'est pas une fin mais la naissance à la vie éternelle ?

Si foi et raison ne s'opposent pas et qu'il est important « de croire pour comprendre et de comprendre pour croire », selon la célèbre formule de saint Anselme, il est tout aussi important de témoigner de la « folie de la croix » et d'accepter que notre logique ne soit pas celle du monde, au risque de passer pour des fous.

---

## Pour aller plus loin...

Et vous, êtes-vous témoins au sein du monde de la folie de la croix ? Si oui, pourquoi ? Sinon, pourquoi ?

Vous ne comprenez pas cette question ? Alors prenons des exemples :

– Avez-vous eu l'occasion de paraître « fou » aux yeux des autres du fait de l'une de vos décisions ?

– Avez-vous pardonné à quelqu'un alors que tout le monde vous invitait au mieux à rompre les ponts, au pire à vous venger ?
– Faites-vous ce qui vous semble juste au risque de vous exposer et de risquer de rencontrer des difficultés ?

# Jour 21

Un ancien disait : « L'abeille, partout où elle va, fait du miel… »

# Quelques mots pour la route…

Alors que les questions concernant l'environnement deviennent – enfin ! – un enjeu de société, cette parole d'un ancien s'appuyant sur l'observation des abeilles nous touche non seulement en tant que croyants mais tout simplement en tant qu'habitants de la Terre.

Ces quarante jours pour croître et grandir humainement et spirituellement peuvent, en effet, constituer un temps privilégié afin de se mettre à l'écoute de la nature et de tirer de son observation un certain nombre d'enseignements pour notre vie quotidienne.

Sans vouloir revenir aux cabanes en bois et à la chandelle, la nature, confiée à l'homme pour qu'il en soit l'intendant et non le destructeur, peut à tout moment devenir pour chacun d'entre nous une source de connaissance et de réflexion. Les mystiques qui nous précèdent l'avaient bien compris, et pour certains, seuls deux livres étaient nécessaires à notre croissance humaine et spirituelle :

– Le livre de la Parole de Dieu (la Bible).
– Le livre de la Nature.

Ainsi, par exemple, dans une société où tout va très vite, où, comme le proclamait un slogan bien connu, « le temps, c'est de l'argent », la nature nous apprend au contraire à prendre du temps, et à laisser du temps au temps… Les fruits et légumes trop vite arrivés à maturité par des moyens artificiels ont-ils vraiment la même saveur que ceux laissés dans la terre ou sur leur arbre jusqu'à leur plein épanouissement ?

De même, notre société n'a-t-elle pas tendance aujourd'hui à vouloir faire mûrir les êtres trop vite, admirant qu'un enfant adopte les attitudes d'un adulte ? Ainsi, que penser d'un jeune de douze ans qui est déjà toréador ? Que penser des jeunes filles à peine adolescentes que l'on incite à s'habiller et à se maquiller comme des femmes ?

Dans les deux cas, en ne respectant pas les âges de la vie, notre société n'est-elle pas en train de voler leur jeunesse à ses enfants, ce qu'ils pourront nous reprocher plus tard ?

Et nous ? N'avons-nous pas, de la même manière, parfois regretté d'avoir agi dans la précipitation, certaines de nos actions et de nos paroles n'ayant pas été les mêmes si nous avions attendu ne serait-ce qu'une journée ?

Dans notre vie spirituelle elle-même, ne sommes-nous pas trop pressés d'arriver au but, nous décourageant quand les choses n'avancent pas assez vite à notre goût ? De même, nous observons aussi chaque année la succession des saisons : l'automne, l'hiver, le printemps, l'été. Nous savons bien qu'en hiver les arbres et les plantes ne sont pas morts, et qu'ils portent déjà en germe la vie qui va surgir au printemps. Il peut arriver de la même manière que nos vies connaissent des hivers parfois longs. Il nous faut alors accepter ces temps de dénuement où tout paraît marcher au ralenti, y compris notre désir qui semble avoir disparu ou, pire, être mort.

Spirituellement, ne traversons-nous pas aussi ces périodes de nuit où Dieu semble soit silencieux, soit absent, et où la prière n'offre aucun réconfort ?

Pourtant, et comme le soulignent de nombreux psychologues, la vie en hibernant se protège de la destruction. Ces hivers humains et spirituels portent déjà en germe l'élan vital qui se redéploiera au printemps. Car le désir ne meurt jamais…

Enfin, et comme nous le dit l'ancien, ceux qui nous précèdent ont bien compris que notre croissance humaine et spirituelle ne dépend pas uniquement du lieu où nous nous trouvons. Dans un environnement hostile apparemment peu porteur ou opposé à notre croissance, nous sommes appelés comme les abeilles à faire du miel. Pour cela, nous sommes invités à chercher et à donner du sens à des événements qui ne semblent pas en avoir…

Précisons ici que « chercher et donner du sens » consiste non pas à trouver à tout prix une explication à un événement, mais à tirer un enseignement de tout ce qui nous arrive en positif ou en négatif. C'est de notre capacité à agir ainsi, avec l'aide de Dieu, que dépend notre capacité à traverser les déserts arides et les tempêtes qui ponctuent parfois nos existences.

---

## Pour aller plus loin…

Nous avons vu (jour 9) que notre prière n'était pas totalement dépendante des circonstances et des lieux extérieurs. Il en est de même de notre croissance humaine et spirituelle. Dès lors, comme les abeilles, nous sommes appelés à faire du miel avec les fleurs environnantes.

Parfois celles-ci sont belles, colorées, sucrées, agréables à regarder. D'autres fois, elles nous apparaissent, au contraire, laides, ternes, amères, nous donnant envie d'aller voir ailleurs. Pourtant, même dans ce cas, nous sommes appelés à faire du miel. Miel qui ne sera pas, avec l'aide de Dieu, acide ou sans goût, mais qui sera au contraire riche et voluptueux, plein d'enseignement pour l'avenir.

Et vous ? Y a-t-il un événement dans votre vie qui vous laisse un goût amer ? Cherchez les moyens de faire un miel de qualité avec ce que vous vivez. Si vous n'y arrivez pas, n'hésitez pas à rencontrer quelqu'un afin de vous y aider, lui indiquant votre objectif.

# Jour 22

On disait d'abba Isodore que quand un frère venait chez lui, il s'enfuyait au fin fond de la cellule. Et les frères lui disaient : « Abba, qu'est-ce que tu fais ? » Il répondait : « Les bêtes sauvages aussi, en fuyant dans leur gîte, sont sauvées. » Or, il disait cela pour le profit de tous.

# Quelques mots pour la route…

Prêtre en centre-ville de Poitiers, je suis ému par le nombre de gens qui viennent durant la semaine se recueillir un instant dans les églises. Si certaines de ces personnes sont des « habitués » que l'on retrouve le dimanche à la messe, beaucoup ne viennent là qu'en dehors des célébrations.

Toutes semblent avoir leurs rituels et leurs habitudes.

Certaines vont directement devant la statue de Marie, cherchant la protection de la Mère de Dieu et des hommes. Ce qualificatif de « Mère » est important. Nous avons vu avec Maurice Zundel (jour 11) combien compte le regard d'une mère. Marie apparaît dès lors comme celle qui nous apporte « bon » et « perpétuel » secours, nous guidant vers le Christ.

D'autres se recueillent devant l'une des nombreuses statues de saints réparties dans les différentes chapelles latérales, en quête de l'intercession jugée moins intimidante d'un saint Antoine de Padoue, d'un saint curé d'Ars ou d'une sainte Thérèse de Lisieux… Intercesseurs, les saints sont aussi des guides et des modèles. Comme nous, ils sont de « simples mortels » qui, avec leurs forces et leurs faiblesses, ont répondu à l'appel du Christ. Chacun à sa manière, ils nous invitent à répondre à l'appel particulier que Dieu nous lance.

Nombreuses sont les personnes qui préfèrent s'installer sur une petite table située dans un endroit bien calme devant le bureau d'accueil. Là se tient un cahier d'intercessions, confié chaque semaine à la prière des sœurs du Carmel de Migné-Auxances. Sur ce cahier, les uns et les autres inscrivent leur vie, dans ce qu'elle a de plus beau et de plus terrible, heureux de savoir que d'autres vont les aider par leurs prières à porter leur fardeau ou se réjouir de leur bonheur.

Un plus petit nombre s'installe devant le tabernacle, comme si cette présence mystérieuse de Dieu lui-même les intimidait. Généralement, ils se mettent à genoux, comme épuisés ou brisés. Après de longues minutes, ils se redressent et partent se fondre dans la foule anonyme des rues piétonnes. Je me demande toujours alors s'ils connaissent cette parole d'un grand saint qui disait : « Le péché m'a jeté à terre, mais la grâce de Dieu me relève. »

D'autres, enfin, s'assoient au fond en quête de quelques minutes de silence, de paix, de sécurité…

Ce qui me semble important, c'est que pour toutes ces personnes, l'église est le lieu où elles peuvent trouver un sentiment de bien-être et de paix, comme ces voyageurs qui, après un long et dangereux périple, reviennent chez eux afin d'y trouver le repos.

Car oui, ces hommes et ces femmes, jeunes ou vieux, pratiquants réguliers ou non, chrétiens ou non, sont chez eux. L'église est leur gîte, leur refuge, tout comme sa cellule pour abba Isodore.

C'est là qu'ils peuvent s'arrêter, s'asseoir, s'isoler du tumulte de la ville, du tumulte de la vie.

En observant ces allées et venues quotidiennes, j'ai pu apercevoir que nos églises, si belles soient-elles, ne sont pas des musées, elles ne font pas partie du passé.

J'ai compris aussi que nos églises ne nous appartiennent pas, et qu'elles ne sont pas le « pré carré » de quelques-uns.

Elles sont le « gîte », le refuge de tous ceux et celles qui cherchent cette présence mystérieuse de Dieu au sein du monde, présence dont parfois ils n'ont qu'un lointain pressentiment.

Elles sont le signe visible de l'invisible qui imprègne l'univers et qui parfois disparaît derrière le voile de la futilité, de l'apparence et de l'image.

Elles sont le signe visible de la présence de Dieu dans le monde. À travers elles, c'est en Dieu lui-même que nous trouvons refuge.

Puissent-elles demeurer toujours !

---

## Pour aller plus loin…

« Trouver refuge » est une expression très utilisée par nos frères et sœurs bouddhistes. Elle consiste à venir dans un temple pour un temps déterminé afin d'y pratiquer les enseignements de Bouddha.

Et vous, avez-vous un gîte où trouver refuge ?

Ces mots de « gîte », de « refuge » vous gênent. Vous trouvez qu'ils donnent raison à ceux et celles qui pensent que la religion est faite pour les faibles.

Et alors ! Les renards n'ont-ils pas des tanières, les oiseaux n'ont-ils pas des nids ? Pourquoi les croyants n'auraient-ils pas un lieu où se poser, où reprendre souffle ?

Pourquoi « trouver refuge » serait-il une preuve de faiblesse ?

N'est-ce pas bien au contraire la preuve d'un grand bon sens ?

En effet, et nous l'avons déjà souligné, l'homme a été créé à l'image de Dieu. Il n'est lui-même que dans cette union à Dieu. Alors, n'hésitez pas ! Trouvez votre refuge en Dieu !

---

# Jour 23

Un ancien a dit : « Levé au petit matin, dis-toi : “Corps, travaille pour te nourrir ; âme, sois vigilante pour obtenir l’héritage.” »

# Quelques mots pour la route…

Cette parole d'un ancien semble avoir inspiré la devise des bénédictins qui est, rappelons-le, « *Ora et labora* », c'est-à-dire « Prie et travaille ».

Pourtant, si l'on fait bien attention, contrairement aux bénédictins, elle commence par le corps et le travail avant de parler de l'âme et de la prière.

S'agit-il d'un pur hasard ? Je ne le crois pas.

En effet, de nombreux proverbes, tout droit issus de la sagesse populaire, vont dans le même sens : « Ventre affamé n'a point d'oreilles », « Aide-toi et le ciel t'aidera »…

Ainsi, prenant en compte les trois dimensions de la personne, corps, âme, esprit, nous sommes invités à prendre soin de notre corps afin de pouvoir travailler et subvenir à nos besoins immédiats avant de pouvoir ensuite nous consacrer à nos besoins spirituels.

Des psychologues tels que Maslow ont souligné au XXe siècle que nos besoins se hiérarchisent en pyramide. Selon ce chercheur, nous ne pouvons subvenir aux besoins du haut de la pyramide (besoins spirituels) que si les besoins premiers sont assurés, à savoir en tout premier lieu les besoins physiologiques (manger, boire…).

Une fois de plus, les anciens semblent avoir compris bien avant l'heure ce qui permet à l'homme de s'humaniser toujours plus.

Malheureusement, les Hommes ne sont pas égaux face à ces besoins. Même si, selon les statistiques, la pauvreté semble reculer dans le monde, 20 % de la population mondiale continue de posséder 80 % des richesses et un être humain meurt de faim toutes les quatre secondes.

Dans des pays comme le nôtre, et même si la pauvreté est loin de ne plus exister (plus de huit millions de personnes !), nous mangeons à notre faim, même parfois trop !

Ainsi, on nous incite sans cesse à « consommer » des sucreries, sucreries qui font grossir, surpoids que nous cherchons à éliminer par des régimes ou des médicaments, médicaments qui, selon certaines enquêtes, entraînent des épisodes dépressifs, dépressions elles-mêmes soignées par des médicaments qui font grossir…

En écrivant cela, je ne peux m'empêcher de penser à un Père du désert qui écrivait au VI$^{e}$ siècle : « L'homme est devenu fou ! Il ne sait pas être heureux ! »

Face à cette situation (à peine caricaturée), le bon sens tente de percer. Des campagnes de publicité gouvernementales[1] nous invitent, à juste titre, et face aux nombreuses maladies engendrées par le surpoids, à prendre régulièrement soin de notre corps.

Cependant, ce « souci du corps » semble prendre toute la place, oubliant les autres étages de la pyramide, et notamment son sommet : le spirituel !

Ainsi, les soins corporels constituent-ils désormais un marché extrêmement porteur, qu'il s'agisse des crèmes à bronzer, des crèmes amincissantes ou des pilules pour avoir une peau parfaite. Les magazines grand public nous matraquent tout au long de l'année afin de nous inciter à tendre vers les corps parfaits qui nous sont présentés dans les publicités, corps qui n'existent pas réellement puisque les photos sont souvent retouchées par informatique… « Mais, mon père, me direz-vous, tout ceci est normal, puisque trop longtemps l'Église elle-même a encouragé le mépris du corps ! »

1. Site Internet à consulter : www.mangerbouger.fr

N'est-ce pas elle, en effet, qui incitait certaines moniales à prendre des douches toutes habillées par crainte de la vision de leur corps ?

N'est-ce pas elle qui nous a invités à lier le corps et le péché, nous encourageant à mépriser notre enveloppe charnelle, saint Paul allant jusqu'à nous demander de crucifier en nous la chair ?

Coupable certes, je veux bien l'admettre, mais en partie seulement !

En effet, dès les premiers temps de l'Église, des auteurs chrétiens ont écrit que ce n'était pas le corps qui constituait l'Homme, que ce n'était pas l'âme qui constituait l'Homme, mais que c'était l'union du corps et de l'âme qui constituait l'Homme !

De même, saint Paul, que l'on rend responsable à tort de ce mépris du corps, nous invite à crucifier en nous les tendances mauvaises du monde qu'il appelle « chair » et non le corps lui-même ! Avoir confondu les deux entraîne aujourd'hui confusions et amalgames incitant nombre de chrétiens à aller voir ailleurs…

N'est-ce pas pourtant saint Paul qui a dit que notre corps était le Temple de l'Esprit ?

Alors oui, prenons soin de notre corps, veillons sur lui chaque jour, aimons-le car il a été créé par Dieu !

## Pour aller plus loin…

Et vous, que vous trouviez votre corps beau ou laid, qu'il soit bien portant ou malade, avez-vous conscience que votre corps est le Temple de l'Esprit ? En prenez-vous soin ?

# Jour 24

Abba Antoine a dit : « Du prochain vient la vie ou la mort. En effet, si nous gagnons notre frère, nous gagnons Dieu ; mais si nous scandalisons notre frère, nous péchons contre le Christ. »

# Quelques mots pour la route…

Voilà déjà plusieurs semaines que nous cheminons avec les Pères du désert. Au fil de leurs paroles, nous avons pu mesurer combien elles pouvaient apparaître parfois surprenantes, voire déconcertantes pour nous, chrétiens du III$^{e}$ millénaire qui vivons dans un certain confort.

En effet, vous comme moi n'avons pas à nous cacher pour pratiquer notre foi. Ainsi, c'est en toute liberté que j'ai pu écrire cet ouvrage avec Jérôme Desbouchages, trouver un éditeur et le publier. De même, c'est en toute liberté que vous vous êtes rendu dans une librairie, animés par un désir de croissance humaine et spirituelle, et c'est librement que vous avez choisi cet ouvrage au milieu d'autres.

« Gloire à Dieu ! », ai-je envie de dire.

Il ne s'agit pas, en effet, de se culpabiliser face à tant de chance ! Nous sommes néanmoins invités à ne pas oublier que tous les disciples du Christ ne bénéficient pas de la même liberté. Sans faire de politique – même si Jean-Paul II, plein d'humour, déclara un jour que si parler des droits de l'homme, c'est faire de la politique…, alors nous pouvons constater aujourd'hui que la liberté de culte n'est pas la même pour tous.

Ainsi, en Chine, les croyants sont régulièrement persécutés, voire mis à mort, qu'ils soient bouddhistes tibétains ou catholiques non membres de l'Église officielle surveillée par le parti au pouvoir !

Je n'ai jamais oublié non plus le procès partisan intenté au Vietnam à un prêtre que l'on gardait bâillonné durant les audiences afin de l'empêcher de se défendre…

Nous avons donc cette grande chance que dans nos pays de « vieille chrétienté » la religion puisse être pratiquée sans risque de persécution directe. J'écris à dessein « directe » car certains d'entre nous ont à souffrir dans leur foi, face à des options économiques ou éthiques qu'ils ont à subir et avec lesquelles, au nom de leur foi, ils se sentent en désaccord.

Cependant, dans ce relatif « bienheureux bien-être » dans lequel nous baignons en Occident, le risque est alors de perdre de vue que les questions soulevées par le Christ sont des questions vitales.

Il s'agit, et nous l'oublions trop souvent, de vie et de mort, les mots « vie » et « mort » étant à prendre dans leur dimension humaine et spirituelle.

Ainsi, si je ne reconnais pas en l'autre l'image de Dieu, si je ne reconnais pas en l'autre un frère, fils d'un même Père, qu'est-ce qui m'empêche de l'humilier, de le considérer comme inférieur, voire de le supprimer ?

Si je ne reconnais pas que la foi dépasse les questions de couleur de peau, qu'est-ce qui m'empêche de croire que racisme et christianisme sont définitivement incompatibles ?

Nous sommes, en tant que disciples de Jésus, appelés non pas seulement à réfléchir aux questions de société, à créer des commissions, à organiser des rencontres mais à agir et à témoigner d'une différence irréductible avec l'esprit du monde.

Au XX^e^ au XXI^e^ siècles, les papes soucieux de justice sociale n'ont-ils pas :

– Cessé de répéter que trop d'êtres humains vivaient dans des conditions de vie sous-humaines ?

– Dit qu'ils étaient la voix des sans-voix ?

– Inlassablement demandé que tous les médicaments soient mis à la disposition de ceux et celles qui en ont besoin, et ce quels que soient leurs revenus ?

Les avons-nous écoutés ?

Avons-nous été séduits par leurs paroles ou par la musique de leurs discours comme ont pu le constater certains commentateurs lors des JMJ ?

À chacun d'entre nous de répondre…

## Pour aller plus loin...

Nous avons vu dans le jour précédent que notre corps était le Temple de l'Esprit.
La prise en compte de cette réalité est nécessaire pour reconnaître en l'autre cette présence indicible de Dieu.
En effet, si je ne la reconnais pas en moi-même, comment pourrai-je la reconnaître dans l'autre ?
Une fois cette reconnaissance acquise, une nouvelle étape s'ouvre devant nous : la prise en compte de cette reconnaissance.
Cette prise en compte passe par la reconnaissance en tout premier lieu de ces besoins humains, physiologiques dont nous avons parlé précédemment.
Ainsi, si vous lisez cet ouvrage durant le Carême, savez-vous que celui-ci constitue une période de conversion, qui nous ouvre non seulement sur Dieu mais sur notre prochain ?
N'hésitez donc surtout pas à trouver la manière concrète dont cette attention envers l'autre, ce souci de l'autre peut se traduire.
Il ne s'agit pas seulement d'un soutien financier ou matériel, bien que ceux-ci soient fondamentaux.
Cela passe aussi et très concrètement par l'écoute, le sourire, la compassion, la charité envers celles et ceux que nous côtoyons et que nous ne voyons peut-être plus.
Et surtout n'attendons pas le Carême pour être plus vigilants ! C'est tout au long de l'année que nous sommes appelés à vivre, fraternellement...

# Jour 25

## *Maurice Zundel a dit*[1]...

Avez-vous déjà entendu ou lu ailleurs cette expression de Maurice Zundel : « religion de l'homme » ?

Vous surprend-elle ? À quoi pensez-vous en la lisant ?

N'hésitez pas à noter dans votre cahier ou sur une feuille tout ce qu'elle vous inspire.

« On a écrit des tonnes de discours, on a fait des études monumentales pour prouver la vérité du christianisme, et le monde n'en a pas été beaucoup transformé parce que, justement, on a oublié l'essentiel. On a perdu de vue ce qu'il y a de plus mordant dans l'Évangile, ce qui s'insère en pleine vie, ce qui nous touche au fond du cœur, ce qui atteint les assises mêmes de notre sensibilité. On a oublié, ou on n'a pas reconnu, ou on n'a jamais

1. Maurice Zundel, « La religion de l'homme », in *Ton visage, ma lumière*, *op. cit.*, p. 150-155.

compris que le christianisme était à un degré unique la religion de l'homme. »

*Avant de continuer, prenez le temps de méditer cette pensée…*

« Il y a là quelque chose de tellement unique, de tellement prodigieux, de tellement fou !… parce que enfin, qu'est-ce que l'homme, l'homme misérable, l'homme ligoté par ses convoitises, l'homme qui utilise ses plus belles découvertes en vue de la destruction ? Qu'est-ce que l'homme pour qu'on lui fasse un tel crédit ? »

*Avant de continuer, prenez le temps de méditer cette pensée…*

« Mais justement, c'est ce crédit de la générosité divine qui doit, peu à peu, le conduire à lui-même. Lui faire découvrir au-dedans de lui-même cet infini dont il rêve, et l'appeler à le réaliser, à l'exprimer dans tout son être et dans toute sa vie. Au fond, tout est là : si l'on ne croit pas en l'homme, il est impossible de croire en Dieu. »

*Avant de continuer, prenez le temps de méditer cette pensée…*

« Il est clair que si le christianisme est la religion de l'homme, s'il y a en Jésus une telle passion pour l'humanité, si Dieu est à genoux devant l'homme, il y a une possibilité de nous entendre avec ceux qui glorifient l'homme comme un Dieu. C'est cela, au fond, qui est le ferment de ce que l'on appelle "le monde moderne" : le monde moderne a la nostalgie de la divinité de l'homme, et il a bien raison ; et le Christ est, au fond, l'origine de cette nostalgie : c'est lui qui a donné à l'homme toute cette ampleur et toute cette beauté, c'est lui qui a placé l'homme si haut, c'est lui qui a mis notre liberté au prix de la croix, c'est lui qui nous a révélé Dieu à genoux devant l'homme. »

*Avant de continuer, prenez le temps de méditer cette pensée…*

*N'hésitez pas à relire ces pensées, puis à fermer les yeux pour les laisser résonner…*

# Quelques mots pour la route…

« Le christianisme est à un degré unique la religion de l'homme… »

Si une telle affirmation venait d'un autre que Maurice Zundel, elle pourrait choquer, et serait peut-être même susceptible d'être condamnée.

Pourtant, cette audacieuse expression recèle non seulement une clé pour comprendre le christianisme, mais permet aussi de mettre un terme aux critiques adressées à celui-ci comme ayant privilégié le « ciel » au détriment de la « terre ».

Cette opposition vous paraît dépassée ? Détrompez-vous !

Encore récemment, un auteur connu, souvent interviewé dans les médias catholiques, écrivait que notre vie sur la terre pouvait être comparée à un hôtel de gare où, ne restant qu'une nuit, on se contente en général d'un confort précaire. Ce qui était important pour cet auteur, c'était l'au-delà et la vie éternelle. Ces propos m'avaient fait bondir ; mais à ma grande surprise, je fus l'un des rares à réagir avec vigueur. Je persiste donc et je signe : non, notre vie sur la terre n'est pas comparable à un hôtel de gare !

Penser ainsi, c'est justifier que trop d'êtres humains vivent encore aujourd'hui dans des conditions de vie sous-humaines, ce que dénonça avec vigueur à de nombreuses reprises le pape Jean-Paul II durant son pontificat. Penser ainsi, c'est finalement ne pas tout faire pour que le règne de Dieu, qui s'est avancé avec le Christ (Évangile selon saint Matthieu, chapitre 5), prenne corps dès ici-bas. Penser ainsi n'est pas chrétien à mes yeux.

Certes, notre vie sur la terre n'est pas ce Grand Livre de la Vie dont on nous parle tant, l'après-mort n'en constituant que les annexes. Notre vie sur la terre en est à mes yeux l'introduction, la vie éternelle étant la suite du Livre. Cette introduction, il ne faut cependant ni la dénigrer ni la rater, car c'est en son sein que Dieu s'est incarné.

S'il l'a fait, ce n'est pas pour montrer aux Hommes qu'il était le Tout-Puissant, celui qui domine l'homme, ayant sur lui tout pouvoir de vie et de mort.

S'il l'a fait, c'est, au contraire, pour nous révéler que sa toute-puissance est une toute-puissance de don et de générosité.

Mais, comme nous l'avons déjà souligné, nous avons tous du mal à nous représenter Dieu, l'imaginant trop souvent comme un chef, un maître qui domine du haut des cieux. Ainsi, trop souvent nous oublions que juste avant de mourir, Jésus s'est agenouillé devant ses disciples afin de leur laver les pieds. Ce geste accompli dans nos églises une fois par an malheureusement devrait l'être tous les dimanches… au risque de le considérer comme anecdotique, alors qu'il est central.

Car oui :

Dieu s'est agenouillé devant l'Homme…

Dieu s'est agenouillé devant l'Homme…

À travers ce geste, Dieu a montré sa confiance en l'Homme, sa confiance en chacun d'entre nous. Dans le cadre de ce parcours, ce point est fondamental.

Et vous ? Quel regard portez-vous sur vous-même ?

Ne doutez pas de vous, croyez en vous, comme Dieu croit en vous. Regardez dans ses yeux et non seulement vous verrez ce qu'il y a de plus beau en vous, mais peu à peu ce qui vous déplaît disparaîtra.

# Jour 26[1]

1. Si vous lisez cet ouvrage durant le Carême, ce jour correspond au quatrième dimanche de Carême. Nous ne vous proposerons pas la rubrique « Pour aller plus loin… ».

## *Maurice Zundel a dit*[1]*...*

« Pour moi, vivre c'est le Christ ». Cette parole de saint Paul a souvent été mal interprétée. Beaucoup y ont vu un renoncement des disciples du Christ à vivre par eux-mêmes, beaucoup y ont vu un abandon inacceptable de notre libre-arbitre et de notre autonomie.

Et vous ? Comment ressentez-vous cette parole ? Quelles conséquences a-t-elle à vos yeux dans votre vie, qu'elles soient positives ou négatives ?

« Et tout est là, en chrétienté : le Bien, c'est une vie de Jésus en nous. Le Bien, c'est Le saisir, le Christ, dans notre pensée, dans notre volonté, dans notre cœur, dans notre sensibilité, dans toutes les fibres de notre être. Le Bien, c'est Quelqu'un, c'est Quelqu'un à aimer, c'est

1. Maurice Zundel, « Pour moi, vivre c'est le Christ », in *Ton visage, ma lumière*, *op. cit.*, p. 309-312.

Quelqu'un qui vit en nous, c'est Quelqu'un qui se confie à nous. »

*Avant de continuer, prenez le temps de méditer cette pensée…*

« C'est une découverte qu'il faut faire sans cesse. Le Bien est Quelqu'un, le Bien est une personne, le Bien est une Vie, le Bien est un Amour et toute la sainteté est là : laisser vivre cet Autre en nous, qui est confié à notre amour, nous retirer devant Lui, Lui être un espace, Lui devenir toujours plus transparent afin que notre vie soit la révélation de la Sienne. »

*Avant de continuer, prenez le temps de méditer cette pensée…*

« C'est une immense libération. Si le Bien était un impôt à payer, si le Bien était un commandement, une contrainte, si nous étions sous la terreur d'un jugement qui nous menace, ce serait impossible. Dieu ne peut ajouter à notre fardeau, Il serait un malheur de surcroît ! Mais justement, Il n'est pas ainsi dans l'Évangile qui est la Bonne Nouvelle : le bien, c'est Lui-même, Lui qui est Amour, Lui qui est l'espace où notre liberté respire. Le Bien, c'est Lui qui vit en nous. »

*Avant de continuer, prenez le temps de méditer cette pensée…*

« Et voilà ce que c'est, finalement, que le "Bien" : c'est prendre soin de cette présence divine dont nous avons la charge. C'est ne pas trahir cette Vie, c'est ne pas intercepter ce Visage, c'est être le sourire de cette bonté. »

*Avant de continuer, prenez le temps de méditer cette pensée…*

*N'hésitez pas à relire ces pensées, puis à fermer les yeux pour les laisser résonner…*

# Quelques mots pour la route…

Nous vivons une époque passionnante, traversée comme toutes les époques par ses contradictions. Ainsi, par exemple, alors qu'influencés par Platon, certains Grecs considéraient le corps comme le « tombeau de l'âme », d'autres le magnifiaient dans les stades, l'exposant nu à tous les regards.

De même aujourd'hui, alors que le monde semble être devenu fou, la quête de la sagesse, du beau et du bien demeure toujours aussi présente chez nos contemporains. Nombreux sont ceux qui cherchent, en effet, à donner du sens à leur vie ; vie souvent bousculée par des événements très lourds à porter.

La recherche du bonheur, la recherche du mieux-être, est ainsi devenue en quelques années un « marché porteur » où l'on trouve le meilleur comme le pire.

Face à une demande très pressante, beaucoup de pistes sont proposées afin d'apporter une amélioration immédiate. Dans tous les cas, le « retour sur investissement » doit être rapide. Cela explique sans doute que l'on trouve désormais de nombreux ouvrages qui donnent des pistes, des « recettes » pourrait-on dire, afin de regarder la vie avec sagesse, et se sentir bien.

Sans succomber à la facilité, le christianisme ne doit pas être absent de cette quête. Il doit pouvoir, au contraire, y répondre, trop de nos contemporains ne pensant pas à venir chercher en son sein des réponses à leurs questions. Ainsi, et même si notre chemin est différent, il peut, si nous l'expliquons bien, constituer une vraie réponse dans cette quête de bonheur.

Le chemin proposé est certes différent de ce que l'on entend habituellement. Chez nous, en effet, depuis que Dieu s'est fait Homme et qu'il est venu partager notre condition, la sagesse, le bien, la paix ne sont plus des concepts mais une personne : le Christ.

C'est ce que nous explique Maurice Zundel, en nous parlant du bien. Nous avions déjà vu (jour 18) que pour lui, le Bien était « quelqu'un à aimer » plus que « quelque chose à faire ». Avec lui, nous découvrons aujourd'hui que le bien n'est pas un concept mais une personne : « Le Bien, c'est Quelqu'un qui vit en nous… »

Une telle manière de voir peut nous désarçonner, car elle va en partie à contre-courant des mouvements de développement personnel. Dans ces derniers, influencés peut-être sans le savoir par Nietzsche, il s'agit, en effet, de faire jaillir de soi seul toute la richesse qui s'y trouve.

Chez nous, chrétiens, le chemin pour devenir sage, le chemin pour vivre en paix, le chemin pour faire le bien passe par cet accueil du Christ en nous, lui qui est la sagesse, la paix, le bien. C'est là une des conséquences de l'Incarnation, Incarnation dont nous n'avons peut-être pas mesuré toutes les conséquences.

Ainsi, si vous souhaitez devenir sage, vous sentir en paix, votre travail consistera à accueillir le Christ en vous, à le laisser, comme lui-même nous le dit, établir en vous sa demeure. Souvenez-vous du chapitre 3 de l'Apocalypse :

> « Voici que je me tiens à la porte et je frappe. Si quelqu'un entend ma voix et ouvre la porte, j'entrerai chez lui et je prendrai mon repas avec lui. »

Oui, tout notre travail, et nous avons eu l'occasion de le dire dès le début de ce parcours, consiste à accueillir Dieu lui-même en nous. Pour cela, nous sommes invités à tout faire afin de favoriser notre rencontre avec lui et de devenir le « sourire de cette bonté »…

Êtes-vous surpris de ce qui vient d'être dit ? Aviez-vous déjà pensé que Jésus est la paix, la sagesse, le bien, et que nous sommes appelés à l'accueillir et à nous laisser accueillir ?

# Jour 27

Un ancien disait : « En quelque lieu que l'on se trouve, si l'on décide de faire quelque chose de bien et qu'on ne le peut, on ne doit pas croire qu'on pourra le faire ailleurs. »

# Quelques mots pour la route…

Lorsque j'étais enfant, « on » nous recommandait au catéchisme, pour être de « bons » chrétiens, de faire chaque jour une « bonne action ». Au fil des ans, cette expression a peu à peu disparu de notre vocabulaire, de notre horizon, jusqu'à sembler désuète, voire moralisante.

Pourtant, aujourd'hui, les bonnes actions « ressuscitent » à travers notamment les revues de développement personnel ou les ouvrages porteurs de ce que l'on appelle désormais une spiritualité laïque. En effet, nombre de philosophes et de psychologues contemporains se rejoignent pour faire, et vous allez être surpris, l'éloge de la bienveillance et de la gentillesse ! S'inscrivant dans la pensée du romancier de science-fiction Aldous Huxley – pour qui se montrer plus gentil améliorait l'existence –, nombreux sont ceux, en effet, qui réhabilitent actuellement la gentillesse comme un « moyen » de se faire du bien à soi et par résonance aux autres.

Ainsi, des spécialistes de l'évolution affirment qu'entraide et solidarité sont au cœur de notre identité car elles ont permis à l'humanité de survivre au fil des siècles. Certains vont alors jusqu'à affirmer que l'homme est génétiquement doté d'empathie, s'appuyant pour conforter leurs propos sur les pleurs d'un nouveau-né dans une maternité qui déclenchent ceux de ses voisins… Les Américains, jamais en reste dans ce type de recherche, se sont aperçus quant à eux que celles et ceux qui pratiquaient régulièrement des « gestes gentils » – nouveau nom des bonnes actions ! – se sentaient de meilleure humeur et mieux dans leur peau. Allant dans le même sens, un professeur de médecine d'origine suédoise a écrit récemment dans une revue scientifique que les personnes bien disposées envers autrui souffraient moins que les autres d'anxiété, de dépression, et qu'elles avaient de meilleures défenses immunitaires, vivant de ce fait plus longtemps.

Enfin, et ce n'est pas le moindre effet de la bienveillance, celle-ci serait contagieuse car nous recevons du monde ce que nous y diffusons.

Ainsi, longtemps assimilée à la faiblesse, voire à la bêtise – ne disait-on pas de quelqu'un « il est gentil », pour signifier qu'il était sot ? –, la gentillesse retrouve ses lettres de noblesse pour des raisons dites « scientifiques »…

Tout cela me laisse pensif !

Qu'annoncions-nous depuis deux mille ans, à la suite du Christ, si ce n'est qu'il est bon pour l'Homme de faire aux autres ce qu'il aimerait qu'on lui fasse ; qu'il est bon pour l'Homme d'aimer son prochain non seulement par des paroles mais aussi et surtout par des actes ?

Ainsi, faute d'avoir bien su parler des bonnes actions, faute d'avoir expliqué qu'en faisant le bien nous sommes vraiment nous-mêmes, c'est-à-dire des êtres créés à l'image et à la ressemblance d'un Dieu bon, faute d'avoir compris qu'en agissant mal nous ne sommes plus nous-mêmes, n'avons-nous pas trop vite abandonné les bonnes actions qui puisaient leur source dans la Parole de Dieu, celles-ci étant aujourd'hui récupérées par une culture laïque ?

Alors oui, faisons le bien là où nous sommes, et nous serons vraiment nous-mêmes.

---

## Pour aller plus loin…

Peut-être pourriez-vous aujourd'hui faire le point des « bonnes actions » qu'il serait possible de réaliser, vous posant les questions suivantes.

Quelles bonnes actions suis-je en mesure de réaliser autour de moi ? (N'hésitez pas à en faire la liste par écrit.)
Est-ce possible ?
Est-ce que je le veux vraiment ?
Quelles sont celles qui me coûtent et celles pour lesquelles j'éprouve une réelle satisfaction à les réaliser ?
Pourquoi ?

# Jour 28

Abba Mattoés déclare : « Celui qui demeure avec des frères ne doit pas être anguleux mais sphérique… »

# Quelques mots pour la route…

En général, dire de quelqu'un qu'il a son caractère, c'est dire que cette personne a mauvais caractère…

Or, nous savons bien qu'être désagréable, faire trop souvent preuve de mauvaise humeur, d'impatience, d'agacement nous coupe des autres et nous isole.

> « À force de régir au quart de tour et avec colère aux propos des autres, je me trouve maintenant isolé, alors que j'aurais aimé être celui à qui l'on vient demander conseil. Mais c'est plus fort que moi. »
>
> *(Un témoin.)*

C'est pourquoi cette parole d'abba Mattoés qui nous est proposée aujourd'hui constitue à mes yeux le « miel » de celles et ceux qui désirent vivre en profondeur l'Évangile au cœur du quotidien.

Véritable philosophie de vie, elle nous incite à concevoir notre rapport aux autres « autrement ».

Ne constitue-t-elle pas, en effet, une invitation à vivre ce que le Christ nous a enseigné ?

En témoignant tout d'abord de l'amour au prochain, que celui-ci pense ou non comme nous.

Mais aussi en nous montrant « rusés » comme le serpent et « doux » comme la colombe.

Talleyrand, évêque et ministre de Napoléon, avait parfaitement appliqué dans sa vie cette parole d'abba Mattoés – qu'il ne connaissait sans doute pas –, puisqu'il déclarait : « Ne devient pas mon ennemi qui veut. »

Ainsi, on pourrait considérer qu'être anguleux dans la vie, c'est ne jamais rien laisser passer et se montrer plus rigoureux que la loi elle-même, oubliant que l'Évangile nous invite au contraire à faire preuve de bienveillance et de magnanimité…

En agissant de la sorte, non seulement nous heurtons celles et ceux que nous croisons, devenant insupportables pour les autres, mais en plus nous nous blessons nous-mêmes, regrettant ce que nous avons fait ou dit.

> « Mon frère, sous prétexte de vivre “en vérité”, ne cesse jamais de nous faire des remarques appuyant là où cela fait mal. Cela me bloque et désormais, je fuis les réunions de famille. »
>
> *(Un témoin.)*

En étant sphérique, il ne s'agit nullement de se montrer faible, changeant ou incapable d'avoir du jugement. Il s'agit d'aborder les autres et les événements de la vie avec la rondeur nécessaire pour surmonter les obstacles sans se laisser blesser et sans blesser.

Celui qui est sphérique prend son temps avant de répondre, étudiant les différents éléments de la situation à laquelle il est confronté ou les arguments de celui qui se trouve en face de lui. Ensuite, et ensuite seulement, il prend une décision ou répond à son interlocuteur, ayant bien pesé chacun de ses mots.

N'est-ce pas à être sphérique que Jésus lui-même nous invite lorsqu'il nous décrit l'architecte qui avant de construire une tour prend le temps de la réflexion, ou le roi qui, avant de partir en guerre, évalue toutes les conséquences d'une telle décision ?

Nous vivons trop souvent dans l'immédiateté, et il est bien difficile de l'éviter à l'ère du téléphone portable ou d'Internet qui nous incitent à répondre immédiatement aux sollicitations.

Suivre le Christ nous invite à une certaine sagesse et devenir sage prend du temps…

Alors commençons dès à présent !

## Pour aller plus loin...

– Untel vous a dit une parole ou vous a écrit un courrier désagréable ? Ne répondez pas tout de suite. Prenez le temps, après une bonne inspiration, de répondre de manière constructive, en évitant d'être tranchant et de prononcer des paroles que vous regretterez par la suite.

– Des difficultés s'amoncellent autour de vous ? Asseyez-vous avant de prendre une décision trop rapide qui risquerait de handicaper l'avenir.

– Quelqu'un durant une réunion familiale ou professionnelle vous blesse par ses propos ? Ne répondez pas dans la précipitation afin d'éviter d'entrer dans l'engrenage de la violence. Plus simplement, prononcez le nom de « Jésus ». Selon les anciens, ce nom est doux comme un « bonbon au miel ». C'est pourquoi ils le prononçaient tout au long de la journée afin de se laisser imprégner de sa douceur et d'éliminer de leur cœur toute aigreur.

# Jour 29

Abba Antoine a dit : « Celui qui va battre le fer réfléchit d'abord sur ce qu'il doit fabriquer : faux, épée ou hache. De même, nous aussi, nous devons examiner quelle vertu nous voulons acquérir, pour ne pas peiner en vain. »

# Quelques mots pour la route…

Ce que j'aime chez les Pères du désert, c'est le côté très concret de leur enseignement. Ainsi, aujourd'hui, abba Antoine nous explique avec simplicité qu'avant d'entreprendre une tâche matérielle nous prenons, en général, toujours le temps de réfléchir. Notons qu'il en est normalement de même dans le domaine intellectuel et qu'avant de nous lancer dans une réflexion nous commençons toujours par poser quelques idées, quelques hypothèses.

Pourquoi n'en serait-il pas de même spirituellement ?

Pourquoi ne pas chercher quelle vertu nous manque, et comment la faire croître et grandir en nous, avec l'aide de Dieu ?

Certes, nombreux sont ceux qui trouvent la vertu désuète. S'il en est ainsi, c'est sans doute parce que ce mot a trop souvent été vu, y compris chez certains religieux, sous un aspect trop exclusivement moralisant. Pour être quelqu'un de « bien », il fallait ainsi être « vertueux », et l'aristocratie (du grec *arete* qui signifie « vertu » !) s'est longtemps présentée comme gardienne de la vertu. Des religieux eux-mêmes, comme Tartuffe, se sont souvent présentés comme des « puits de vertu », cherchant à dissimuler maladroitement qu'ils étaient des hommes comme les autres, avec leurs qualités et leurs zones d'ombre…

C'est pourquoi, et afin de ne pas nous engager dans une impasse, il est important de rappeler que le mot vertu vient aussi du latin *virtus* qui signifie « force, pouvoir, propriété… ». Ainsi, on parle aujourd'hui de plus en plus de la vertu des plantes ou des huiles essentielles. Certaines ont « pour vertu » d'apaiser, de faire digérer, d'autres d'empêcher les bouffées de stress…

En spiritualité, les anciens nous apprennent que Dieu a déposé en nous des vertus, comme l'agriculteur dépose dans la terre des graines. Il nous appartient alors de lui demander de les développer en nous afin de les faire croître.

N'oublions pas, en effet, que si l'Homme, tout Homme, a été créé à l'image de Dieu, la ressemblance lui appartient.

C'est pour cette raison que Dieu a déposé en nous ces vertus.

Pour cela, il nous faut faire preuve d'humilité (le mot venant du latin *humus*, qui signifie « terre »), accepter de se laisser « travailler » par Dieu afin de permettre aux vertus que nous portons, et qui sont des dons de Dieu, de croître. Il ne s'agit donc en rien de se laisser humilier comme on nous l'a trop souvent dit et comme l'inconscient collectif chrétien semble en être persuadé, encore aujourd'hui.

Mais quelles sont ces vertus qui se trouvent en chacun d'entre nous ?

Elles sont extrêmement nombreuses, mais il en existe sept principales :

– la foi
– l'espérance
– la charité
– la force
– la prudence
– la justice
– la tempérance

Les trois premières sont appelées les vertus théologales, les quatre autres, les vertus cardinales…

---

## Pour aller plus loin…

Prenez le temps de voir ce que vous souhaitez changer dans votre vie, et mettez en face une des vertus citées plus haut.
Veillez durant les jours, les semaines ou les mois à venir à mettre en pratique cette vertu, demandant chaque jour à Dieu de la faire grandir en vous.

---

# Jour 30

Abba Antoine a dit : « Quiconque n'a pas été tenté ne pourra entrer dans le Royaume des Cieux. Il est dit en effet : "Supprime les tentations, et pas un n'est sauvé." »

# Quelques mots pour la route…

Voilà plusieurs jours, plusieurs semaines, que nous avons commencé ensemble à emprunter ce chemin de croissance humaine et spirituelle.

J'écris volontairement « plusieurs jours, plusieurs semaines » car si certains d'entre nous lisent régulièrement ce qui correspond à une journée, d'autres ont pu être « tentés » de le faire avec moins de régularité. L'abondance de travail, le manque de temps, la fatigue ont pu, en effet, les amener à repousser au lendemain ce qu'ils auraient pu lire le jour même.

> « Je le lirai demain je suis fatigué(e)… » « Demain sera un autre jour… » « Je n'ai pas vu la journée passer… » « Je ne me sens pas en forme, pas disponible… »
>
> *(Des témoins.)*

Ainsi, certains jours, nous nous sentons plus en forme que d'autres. Nous avons alors envie d'aller plus loin, de continuer à avancer sur la route, avec l'intuition profonde que les Pères du désert, tout comme Maurice Zundel, ont des choses à nous dire pour que nous nous sentions « en vie »…

D'autres jours, au contraire, nous nous sentons las, subissant alors la journée avec le désir profond qu'elle se termine vite. Cet ouvrage, ce parcours, semble alors nécessiter un effort dont nous n'avons pas la force, et il est resté posé « là », offert à notre regard, mais inaccessible à notre être.

Le quotidien n'est plus dès lors source de vie, mais d'enlisement progressif.

La vie n'est plus alors vie, mais survie.

Et le désir doucement s'endort.

Plus profondément encore, à l'écoute de ce que nos « anciens » nous disent, certains ont pu penser, comme ces témoins :

> « À quoi bon ! Tout cela est très beau, mais c'est un monde idéal. Et puis, à quoi cela sert-il que je progresse, si ceux qui m'entourent ne font pas de même ? Pourquoi serais-je le/la seul(e) à vouloir changer ? »
>
> *(Des témoins.)*

D'autres encore, d'abord animés par le désir de croître et de grandir, ont pu aussi, comme ces autres témoins, être tentés de suivre d'autres routes moins lumineuses.

> « Tout avait bien commencé. J'étais plein de désir, animé par une énergie débordante, et puis tout a dérapé… Je

suis devenu irascible, je me suis mis à ne plus supporter les autres, les trouvant sans saveur… J'ai eu envie de les écraser… La prière m'est apparue ennuyeuse et je me suis demandé s'il y avait quelqu'un de l'autre côté de la ligne ! Des idées dont je n'avais pas d'habitude se sont mises à surgir dans mon esprit et moi qui aime mon conjoint je me suis mis à regarder ailleurs… »

*(Des témoins.)*

Peut-être vous êtes-vous reconnu dans l'un ou l'autre de ces propos ?

Peut-être vivez-vous d'autres tentations qui ont pu, comme pour ces témoins, freiner, voire arrêter votre enthousiasme de départ ?

Ne vous inquiétez pas, tout cela est normal !

En effet, et comme nous le dit abba Antoine, « quiconque n'a pas été tenté ne pourra entrer dans le Royaume des Cieux ».

La tentation fait partie de notre aventure spirituelle, tout comme elle fait partie de notre aventure humaine. La vie n'est pas et ne sera jamais « un long fleuve tranquille »…

Comme un fleuve, elle est parfois apparemment calme et sereine, mais sous la surface peuvent se trouver tourbillons et courants opposés.

Comme un fleuve, elle n'avance pas tout droit et connaît nombre de méandres et de circonvolutions, signes de son adaptation au terrain, ne pouvant escalader les montagnes ou traverser des surfaces aux pierres trop dures.

Comme un fleuve, elle change de vitesse selon l'inclination du terrain, passant de la force tranquille au tumulte des rapides et leur écume.

Comme un fleuve, elle croise d'autres courants d'eau qui la rendent un temps moins limpide, l'eau devenant au fil des kilomètres cristalline.

Comme un fleuve…

Oui, la tentation fait partie de la vie spirituelle. Souhaiter y échapper n'est qu'un leurre.

Elle est le lieu où s'exprime notre liberté, « continuer à suivre ou non Jésus »…

---

## Pour aller plus loin…

La tentation fait partie de notre vie spirituelle. Elle se trouve au cœur de ce que l'on appelle le combat spirituel. Dans ce combat, nous sommes appelés à faire face à de nombreuses passions qui toutes sont autant d'occasions de nous éloigner de Dieu. Évagre le Pontique en avait dénombré huit : la luxure, la gloutonnerie, la colère, l'orgueil, la vaine gloire, l'avarice, la tristesse, l'acédie…
Il en existe bien d'autres.
Dans ce combat, ne restez pas seul. N'hésitez pas à demander conseil à quelqu'un de plus expérimenté qui vous aidera à le remporter.

---

# Jour 31

Abba Pambo a dit : « Si tu as du cœur, tu peux être sauvé. »

# Quelques mots pour la route…

Certains d'entre vous, en lisant cette parole, n'ont certainement pas pu s'empêcher de penser à la célèbre réplique de don Diègue dans *Le Cid* : « Rodrigue, as-tu du cœur ? »

Mais pour Corneille et pour abba Pambo, le cœur a-t-il la même signification ?

Et que veut dire « avoir du cœur » ?

Chez Corneille et compte tenu du contexte, le mot cœur, selon tous les commentateurs, désigne le « courage » et, de ce fait, « avoir du cœur » signifie « avoir du courage ».

En est-il de même chez abba Pambo, et cela signifie-t-il qu'il faut avoir du courage pour être sauvé ?

Dans un sens et si on y réfléchit bien, oui !

« Être sauvé » nécessite, en effet, un certain courage si, par simplification, on considère qu'être sauvé, c'est *accepter* de dire « oui » au Christ et de désirer le suivre quelles qu'en soient les difficultés.

En écrivant cela, je pense bien sûr à tous les apôtres qui, les uns après les autres, ont accepté de tout abandonner pour suivre Jésus. Ainsi, il a fallu un certain courage à Pierre pour passer du statut de pêcheur de poissons à celui de pêcheur d'hommes.

De même, il a fallu du courage à tous ceux que nous proclamons aujourd'hui saints et saintes, car bien souvent ils ont payé de leur vie cette fidelité au Christ. Les exemples sont nombreux, mais je pense plus particulièrement aujourd'hui à François d'Assise. Tournant le dos à la carrière des armes ou à un métier de commerçant bien établi, il s'est mis nu devant tous ceux et celles qu'il connaissait, renonçant à tout pour suivre le Christ.

Aujourd'hui, si quelqu'un agissait ainsi, se mettant nu sur les places publiques ou même au porche de nos églises par amour du Christ, on dirait qu'il est inconscient ou « fou » !

Dans tous les cas, nous ferions tout pour le « rhabiller » et le ramener à la « raison ».

Mais avoir du cœur signifie aussi, nous le savons bien, « être généreux ». Ne dit-on pas de quelqu'un qui s'occupe des autres qu'il a « bon cœur » ?

Si une telle approche est vraie, elle ne l'est à mes yeux qu'en partie.

En effet, je suis et demeure persuadé que l'on peut donner de son temps, de son énergie pour telle ou telle activité au sein d'une paroisse, d'une communauté, d'un mouvement, d'une association caritative sans pour autant aimer.

Si de telles actions donnent l'apparence que l'on a du cœur, que l'on est généreux, elles peuvent être aussi, avant tout, source d'une satisfaction personnelle pour celui ou celle qui les accomplit. Si trouver son plaisir à aider les autres constitue certainement l'un des premiers barreaux de l'échelle sainte que nous sommes appelés à gravir, il est seulement l'un des premiers.

Il nous faut donc aller plus loin, plus haut et approfondir cette intimité à laquelle Dieu appelle chacun d'entre nous de manière tout à fait personnelle et originale.

Pour cela, je vous invite à entreprendre un détour et à découvrir que chez les juifs le cœur ne désignait pas seulement le siège de l'affectivité, mais la personne tout entière : affectivité, intelligence, mémoire, émotions…

Malheureusement, alors que chez les juifs l'unité de la personne était privilégiée, nous avons eu tendance en Occident à découper la personne « en morceaux », séparant le corps et l'âme, le cœur et l'intelligence.

Un tel découpage me semble avoir été préjudiciable à la mission confiée par Dieu à chacun d'entre nous : témoigner au quotidien de sa présence par nos actes, nos paroles, nos pensées, notre manière d'être et de vivre.

On se rend compte alors qu'« avoir du cœur » signifie avant tout être embrasé par l'amour de Dieu et répondre à cet amour par notre amour, cela avec la totalité de notre être.

« Avoir du cœur » ne signifie-t-il pas, alors, mettre toute notre personne sous le regard de Dieu ?

---

## Pour aller plus loin...

Et si tout simplement aujourd'hui vous vous demandiez si dans les rencontres que vous avez pu avoir ces derniers jours, vous avez fait preuve de cœur ?
En effet, trop souvent, nous jugeons les autres de manière définitive, ne leur laissant aucune possibilité d'évoluer.
Avoir du cœur, c'est percevoir que nous sommes tous des êtres en évolution appelés à croître un peu plus chaque jour.
Avoir du cœur, c'est vivre en harmonie avec les battements du cœur de Dieu.
Avoir du cœur, c'est pleurer avec ceux qui pleurent et rire avec ceux qui rient.

---

# Jour 32

## *Maurice Zundel a dit*[1]*…*

Chaque année, nous célébrons la fête de la Transfiguration. Mais comment la vivons-nous ? Comme la commémoration d'un événement intervenu il y a deux mille ans, ou comme un événement qui nous concerne directement aujourd'hui au cœur de nos vies ?

De notre réponse à cette question dépendent beaucoup de choses…

« Jésus a pris la vie, Il l'a glorifiée, Il l'a transfigurée, Il lui a donné une dimension infinie, afin que nous puissions la vivre avec un émerveillement continuel et une passion infinie. »

*Avant de continuer, prenez le temps de méditer cette pensée…*

1. Maurice Zundel, « Le corps glorifié et transfiguré par l'amour », in *Ton visage, ma lumière*, *op. cit.*, p. 360-363.

« C'est toujours dans la vie qu'il faut rencontrer le Seigneur. Aussi bien, Jésus est un charpentier, Jésus est un ouvrier, Jésus a passé la plus grande partie de sa vie dans ces travaux communs propres aux hommes les plus humbles. Il a trouvé qu'il n'était pas indigne de Lui-même, à la fois pour glorifier Dieu et pour sauver l'humanité, simplement de mettre la main à la pâte, de gagner son pain, comme tout le monde, et de consacrer la plus grande partie de ses journées à ce labeur matériel qui donne au monde le visage de l'homme, et qui permet à l'homme de s'incarner, en quelque manière, dans la matière. »

*Avant de continuer, prenez le temps de méditer cette pensée...*

« Il y a une tendance dangereuse qui est d'associer Dieu et la douleur, d'imaginer que, pour plaire à Dieu, il faut empoisonner la vie, il ne faut connaître aucune joie, il faut se refuser à toutes les beautés de l'univers. C'est le contraire qui est vrai. Dieu a fait de la douleur elle-même un espace de Lumière et d'Amour, parce qu'il a pris la douleur, Il l'a transfigurée en l'assumant, et Il en a fait la source universelle de la Rédemption. »

*Avant de continuer, prenez le temps de méditer cette pensée...*

« Jésus n'est pas venu pour nous détourner de la vie, de cette vie quotidienne, du travail qui est notre gagne-pain, et du pain que nous mangeons en nous asseyant à la table commune. Jésus est venu pour que nous ayons la vie et que cette vie soit débordante, pour que sa Joie soit en nous et que notre joie soit parfaite. Il ne s'agit donc pas, pour un chrétien convaincu et parfait, de se retrancher de la vie, mais au contraire de l'aimer avec passion, de la vivre, et d'en faire à chaque pas un chef-d'œuvre de Lumière et d'Amour. »

*Avant de continuer, prenez le temps de méditer cette pensée…*

*N'hésitez pas à relire ces pensées, puis à fermer les yeux pour les laisser résonner…*

# Quelques mots pour la route…

Il est intéressant de constater que, dans ce texte, Maurice Zundel associe le thème du travail et celui de la souffrance. Cela n'est pas sans nous rappeler le livre de la Genèse où, après le péché d'Adam, Dieu dit :

> « Maudit soit le sol à cause de toi. C'est dans la peine que tu t'en nourriras tous les jours de ta vie[1]. »

Il semble que depuis pèse sur le travail une « malédiction », celui-ci pouvant être source de souffrance. Ce thème est malheureusement toujours d'actualité plusieurs millénaires plus tard.

Dans de trop nombreux pays encore, le sol est exploité avec des moyens dérisoires, le rendement étant alors insuffisant pour nourrir les populations. Dans les pays dits développés ou industrialisés, la

1. Genèse 3, 17.

situation est fort différente selon les continents. Ainsi, la Chine en pleine croissance n'a pas encore pris les moyens de veiller à la sécurité de la population. Les accidents du travail y sont extrêmement nombreux, et avec eux leur cortège de morts et de vies brisées. Dans des pays comme la France, le travail est plutôt associé à une certaine souffrance morale si l'on en juge par les enquêtes réalisées ces dernières années. De nombreux salariés se plaignent régulièrement d'être victimes du stress engendré par le travail, et des lois sur le harcèlement moral ont été votées. De fait, beaucoup de jeunes ont peur d'aller travailler et de se trouver confrontés à un monde dont ils ignorent tout. Ce thème du travail, s'il est difficile dans le monde profane, n'a jamais été facile dans le monde religieux. À certaines époques, des chrétiens ont considéré qu'il ne fallait pas travailler afin de consacrer tout son temps à la prière. Cela fut considéré comme une hérésie et c'est le modèle bénédictin dont nous avons déjà parlé (jour 23) qui fut mis en avant.

Face à cette situation, Maurice Zundel nous incite aujourd'hui à porter sur le travail un regard différent, nous invitant à mettre nos peurs à distance.

Pour cela, il insiste sur le fait que Jésus, le Fils de Dieu, n'a pas trouvé indigne de mettre la main à la pâte et de gagner son pain en consacrant une grande partie de sa journée au travail. Le travail n'est pas

« mauvais » en lui-même. Permettant à l'Homme de subvenir à ses besoins, il est important qu'il soit exercé en respectant la dignité de chacun. On comprend dès lors pourquoi au sein même de l'Église a émergé, au fil des siècles, une pensée sociale qui place l'Homme au centre de tout. Dès le XIXe siècle le pape Léon XIII a ainsi écrit :

> « Ce qui est honteux et inhumain, c'est d'user de l'homme comme un vil instrument de lucre, de ne l'estimer qu'en proportion de la vigueur de ses bras. »

Cent ans plus tard, Jean-Paul II, très soucieux de cet aspect social, déclarera :

> « L'enseignement et la diffusion de la doctrine sociale de l'Église appartiennent à sa mission d'évangélisation ; c'est une partie essentielle du message chrétien car cette doctrine en propose les conséquences directes dans la vie de la société, et elle place le travail quotidien et la lutte pour la justice dans le cadre du témoignage rendu au Sauveur. »

Et vous, dans ce parcours, quel regard portez-vous sur le travail ?

Est-il pour vous, comme le disent certains mouvements spirituels, chemin de sainteté, par la manière dont vous l'exercez ?

# Jour 33[1]

1. Si vous lisez cet ouvrage durant le Carême, ce jour correspond au cinquième dimanche de Carême. Nous ne vous proposerons pas la rubrique « Pour aller plus loin… ».

## *Maurice Zundel a dit*[1]*...*

Les passages suivants sont extraits d'une homélie intitulée « La vie chrétienne : un réalisme mystique source de la vraie joie ».

La joie, quelle place a-t-elle dans votre vie de foi ?

Savez-vous que c'est l'un des fruits de l'Esprit-Saint ?

« "Tu étais dedans, c'est moi qui étais dehors" (saint Augustin). Cela veut dire, dans les termes les plus parfaits, que la vie chrétienne est une vie ici, maintenant ! Que l'au-delà dont on parle tant, c'est un au-dedans, un au-dedans ! Cet au-delà, c'est un au-delà de nos passions désordonnées, mais c'est un au-dedans, un immense espace de lumière qui s'ouvre au-dedans de nous, où notre liberté respire dans un dialogue de vie avec le Dieu Vivant. »

1. Maurice Zundel, « La vie chrétienne : un réalisme mystique source de la vraie joie », in *Ton visage, ma lumière*, *op. cit.*, p. 381-384.

*Avant de continuer, prenez le temps de méditer cette pensée…*

« C'est pourquoi on peut définir le christianisme comme un réalisme mystique. Le christianisme ne nous demande pas de quitter la terre pour regarder vers un ciel imaginaire, mais de devenir nous-mêmes ce Ciel, de devenir ce Royaume de Dieu, de transfigurer notre vie en laissant transparaître en nous toute la Lumière et toute la Joie de Dieu. »

*Avant de continuer, prenez le temps de méditer cette pensée…*

« Il ne s'agit donc pas de quitter le sol. Il ne s'agit pas de nous détourner de la vie, mais d'y entrer ! Aussi bien, le grand danger pour nous, ce n'est pas ce qui pourra se passer après notre mort ! Le grand danger, c'est ce qui se passe avant la mort, avant notre mort !… Car c'est avant la mort que nous risquons d'être morts, si nous refusons justement de faire de notre vie une création continuelle de grâce et de beauté. »

*Avant de continuer, prenez le temps de méditer cette pensée…*

« Il s'agit donc de faire fleurir toutes les fleurs, de rendre la terre toujours plus digne de Dieu et toujours plus digne de nous ; de multiplier partout l'Éclosion de la Beauté, afin que la vie s'éternise ; car l'éternité c'est justement le don, quand il gravite autour d'un centre intérieur à nous-mêmes. Il faut que le temps s'enroule en éternité, et qu'au moment de notre mort nous ayons vaincu la mort, et que nous soyons devenus d'immortels vivants. »

*Avant de continuer, prenez le temps de méditer cette pensée…*

« Il ne s'agit donc pas d'apprendre à mourir, mais d'apprendre à vaincre la mort, et de devenir une source jaillissante de vie éternelle au cœur de chacune de nos journées. »

*Avant de continuer, prenez le temps de méditer cette pensée…*

*N'hésitez pas à relire ces pensées, puis à fermer les yeux pour les laisser résonner…*

## Quelques mots pour la route…

Nous avons déjà vu avec Maurice Zundel comme il pouvait être faux d'opposer la « terre » et le « ciel » depuis que Dieu s'est fait Homme (jour 26). Aujourd'hui, poursuivant sa réflexion sur ce thème, Maurice Zundel nous invite à aimer la vie, car c'est dans la vie de tous les jours que nous pouvons rencontrer le Christ.

Trop souvent, en effet, nous sommes inquiets de ce qui va se passer après notre mort. Ainsi, nombreux sont ceux et celles qui depuis des millénaires cherchent à « exorciser » cette peur de l'au-delà de la vie en cherchant à entrer en communication avec les défunts. La fête d'Halloween, abordée de manière spirituelle et non commerciale, est pour cela très intéressante. Le 31 octobre marquait pour les Celtes la fin du calendrier. Ce jour-là, le « mur » séparant le royaume des morts de celui des vivants s'ouvrait. Profitant de cette opportunité, les morts cherchaient alors à prendre possession du corps des vivants afin de pouvoir connaître une nouvelle vie. Pour s'en protéger, les vivants mettaient des masques terrifiants afin de faire fuir les esprits…

Mais pour Maurice Zundel, ce n'est pas de ce qui se passe après la mort dont nous devons nous préoccuper, mais de ce qui se passe avant !

Il rejoint ainsi un poète à qui j'ai emprunté quelques vers, les complétant à mon goût : « Il faut nous aimer sur terre, il faut nous aimer vivants », n'attendons pas d'être au cimetière, il faut nous aimer avant.

J'ai, en effet, souvent constaté qu'après le départ d'un proche on regrette de ne pas lui avoir suffisamment dit « je t'aime » alors qu'il était vivant, et que lors de la cérémonie d'obsèques, on lui trouve soudainement toutes les qualités.

Ce qui est important, c'est ce qui se passe avant la mort, le grand danger, selon Maurice Zundel, étant d'être mort avant la mort.

Mais qu'est-ce que cela signifie ?

Cela signifie que l'éternité, nous sommes appelés à la vivre dès à présent sans attendre… afin de devenir, selon l'expression magnifique de Maurice Zundel, d'« immortels vivants ».

Il s'agit donc d'apprendre à vivre au jour le jour et de laisser éclore tous les dons que Dieu a mis en chacun d'entre nous.

Cela peut apparaître difficile quand le poids des jours se fait trop lourd. Jésus lui-même en était bien conscient puisqu'il a déclaré :

« Venez à moi, vous qui ployez sous le poids du fardeau, et je vous procurerai le repos. »

Ne gardez pas vos soucis et sachez vous confier.

## Jour 34

Abba Paul le Grand a dit : « Je suis dans un bourbier enfoncé jusqu'au cou, et je pleure devant Dieu en disant : "Aie pitié de moi." »

# Quelques mots pour la route...

Contrairement à ce que pouvait laisser entendre le titre d'un film bien connu, sorti en salle il y a déjà quelques années, la vie n'est pas et ne sera jamais un long fleuve tranquille… C'est pourquoi, malheureusement – mais c'est un fait –, cette image du bourbier utilisée par abba Paul le Grand sera toujours d'actualité. En effet, et c'est peut-être votre cas, il arrive que nous traversions des périodes sombres avec la désagréable impression de ne pas arriver à faire surface.

Durant ces véritables traversées du désert :

– Tout repère semble avoir disparu de l'horizon, le paysage de nos vies change et nous ne savons plus vraiment où aller. Il nous arrive alors de nous engager dans des impasses, et ce n'est qu'au bout que nous rebroussons chemin, en quête de voies nouvelles, plus dégagées.

– Les oasis se font rares et, faute de trouver un lieu de repos, fatigue physique et fatigue intérieure se cumulent, entraînant un sentiment d'épuisement continuel, qui nous fait dire tout au long des jours : « Je me traîne… »

– Le sommeil lui-même n'est plus réparateur. Ainsi, lorsque le matin le réveil sonne, nous pouvons avoir l'impression que nous n'y arriverons pas et que vivre ce nouveau jour demande des forces que nous n'avons pas, que nous n'avons plus.

– Les amis ou les relations qui nous entouraient lorsque tout allait bien, même s'ils étaient peu nombreux, semblent avoir disparu et ne demeurent que les liens les plus vrais, ceux qui resteront jusqu'au bout.

– Le désir lui-même semble avoir disparu, et nous pouvons éprouver parfois le sentiment qu'il est mort parce que nous n'avons envie de rien, parce que nous avons l'impression de ne plus être « en vie ».

– Les « secoue-toi », « réagis », « prends-toi en main », « donne-toi des coups de pied aux fesses ! » que celles et ceux, animés par de bons sentiments, nous lancent sont insupportables ; et loin de nous aider, ils nous enfoncent, car nous avons vraiment le sentiment de ne pas être à la hauteur.

– La prière elle-même demande un effort, car faute de savoir quel chemin emprunter, nous ne savons plus vers qui nous tourner, nous ne savons plus « à quel saint nous vouer » !

– La messe elle-même devient difficilement supportable. En effet, côtoyer tous ces gens qui semblent être si heureux et n'avoir aucun problème nous renvoie à nos propres difficultés et à notre difficulté à les surmonter.

Alors, tout en ayant l'impression d'être dans un véritable bourbier, nous enfonçant un peu plus chaque jour, nous tentons de faire « comme si » tout allait bien, jusqu'au moment où nous n'arrivons plus à dissimuler les choses… Comme nous le montre aujourd'hui abba Paul le Grand, ce sentiment d'écrasement, d'enlisement n'est pas nouveau et, au fil du temps, nombre d'hommes et de femmes l'ont éprouvé, et l'éprouveront encore.

Tantôt appelé tristesse ou acédie, spleen ou mélancolie, dépression, ce sentiment d'être dans un bourbier, enfoncé dans les profondeurs, traverse les âges, le « tragique de l'existence » continuant à nous accompagner, que nous soyons croyants ou non. Alors, et même si des traitements médicamenteux très efficaces existent aujourd'hui, même si les psychologues sont de plus en plus nombreux afin de laisser émerger la parole permettant de mettre « des mots sur des maux », le conseil d'abba Paul le Grand ne doit pas être oublié.

Du fond du bourbier dans lequel nous avons l'impression de nous enfoncer, et tout en recourant aux moyens thérapeutiques modernes nécessaires, nous sommes, en effet, appelés à nous tourner vers Dieu et à crier : « Aie pitié de moi. »

Ce mot « pitié » ne doit cependant pas nous faire peur, même s'il comporte aujourd'hui, et à tort, un certain misérabilisme. La « pitié » de Dieu désigne étymologiquement sa compassion, sa bonté, sa charité.

C'est pourquoi il est largement utilisé dans ce que l'on appelle la « prière de Jésus », encore appelée la « prière du cœur » dont nous avons déjà parlé.

---

## Pour aller plus loin…

Cette prière du cœur vient de très loin. Les Pères du désert l'ont très tôt pratiquée, souhaitant répondre à l'injonction de saint Paul : « Priez sans cesse. » Elle consiste à dire tout simplement, le plus souvent possible dans la journée :
– Soit : « Seigneur Jésus, Fils de Dieu, prends pitié de moi, pécheur. »
– Soit : « Jésus. »
– Soit : « Seigneur Jésus, viens à mon aide. »
Il ne s'agit en rien de rabâcher ! La prière du cœur constitue un lien entre nous et Dieu. Lien que nous sommes appelés à conserver tout au long du jour, quelles que soient nos activités. Sa simplicité, sa souplesse la rendent aujourd'hui d'une étonnante actualité[1].

---

1. Pour en savoir plus, voir Patrice Gourrier et Jérôme Desbouchages, *Talitha Koum ! Éveille la source qui est en toi !*, *op. cit.*

# Jour 35

Un ancien a dit : « L'humilité, c'est de pardonner au frère qui t'a offensé, avant même qu'il ne vienne te demander pardon. »

# Quelques mots pour la route…

« L'humilité », le « pardon », voilà deux mots qui apparaissent aujourd'hui un peu usés, voire désuets…

Nous vivons, en effet, dans un monde où il nous faut faire sans cesse nos preuves afin de nous montrer à la hauteur. Les rapports entre les personnes sont souvent des rapports de force et on apprend dans certaines écoles à devenir des « loups », seul moyen de survivre, selon le discours officiel. Dès lors, humilité et pardon sont considérés comme l'expression d'une faiblesse ; faiblesse qui n'a pas sa place dans ce monde de « brutes »… Au sein même de notre Église, ces mots sont regardés par certains avec méfiance. En effet, l'humilité apparaît trop liée à l'humiliation. Nombreux sont celles et ceux qui ont une histoire à raconter comme celle d'une sœur ou d'un frère qui, dans un monastère, se laissait humilier par les autres pour la plus grande gloire de Dieu ! Aujourd'hui, à juste titre, personne ne veut se laisser humilier. Le pardon, quant à lui, même si on en parle beaucoup, est regardé paradoxalement avec une certaine méfiance, si l'on en juge par le petit nombre de catholiques venant se confesser régulièrement… Pourtant, ces deux mots appartiennent au patrimoine chrétien depuis des siècles. S'il en est ainsi, c'est certainement parce que cela a du sens. C'est pourquoi, aujourd'hui, et même si nous avons déjà eu l'occasion d'aborder ces deux notions, nous allons nous y arrêter un peu plus longuement.

Le mot humilité, tout d'abord. Ce mot possède une histoire complexe, comme l'attestent de nombreux dictionnaires. C'est un dérivé du latin classique *humilitas*, signifiant « faible élévation, petite taille, modestie, bassesse », qui désigna en latin chrétien « la modestie, l'abaissement devant Dieu ». Ce mot fut ensuite employé pour désigner l'état d'infériorité de la nature humaine par rapport à Dieu. Enfin, il fut employé pour « humiliation », qui signifie s'abaisser de manière avilissante. On comprend dès lors qu'après le siècle des Lumières, après Nietzsche et après la vogue des mouvements de développement personnel, ce mot ait été rejeté, parfois violemment.

Mais l'humilité au sens d'humiliation appartient-elle à l'esprit chrétien ? On peut en douter.

Jésus, durant sa vie terrestre, n'a jamais cherché à humilier, à abaisser ses interlocuteurs. Il a, bien au contraire, toujours relevé celles et ceux qui ont croisé sa route. Jésus n'a pas non plus dit de manière explicite que se laisser humilier constituait un chemin de sainteté. Que notre foi en lui nous amène parfois à nous faire humilier est un tout autre sujet.

> « Ma grand-mère me disait que plus on se laissait humilier, plus Dieu nous aimait. »
>
> *(Un témoin.)*

Alors, il nous faut aller plus loin et balayer ces fausses images du christianisme qui feraient des disciples du Christ des masochistes à la recherche de la souffrance et de l'humiliation. N'oublions jamais ce que disait Irénée de Lyon au IIe siècle :

> « La gloire de Dieu, c'est l'homme vivant ! »

Oui, tout comme l'homme est l'espérance de Dieu (Maurice Zundel, jour 5), la gloire de Dieu, c'est de voir l'homme, le seul être créé à son image. Dès lors, tout ce qui avilit l'homme, tout ce qui le blesse, blesse Dieu. C'est pourquoi il est remarquable de constater que le mot « humilité » vient du latin *humus*, qui signifie « terre ». La terre, cette terre meuble qui ne demande qu'à être irriguée, travaillée, retournée afin de permettre aux graines que l'homme y sèmera de germer et de croître, grâce à ses soins. Être humble dès lors, c'est être comme la terre. C'est accepter de se laisser travailler par Dieu, afin qu'il assouplisse notre cœur si celui-ci est devenu dur, qu'il l'irrigue si celui-ci est devenu aride, qu'il en élimine les mauvaises pensées qui nous empêchent de croître… Être humble, c'est dire « oui » au jardinier divin, afin que toutes les potentialités qui sont en nous puissent croître, la foi, l'espérance, l'amour, la bienveillance, le pardon… Ainsi, la parole de l'ancien qui associait humilité et pardon prend tout son sens. Pardonner nécessite que nous laissions Dieu travailler en nous afin de donner des pardons qui humainement apparaissent impossibles.

Une chose est sûre : de tels pardons sont vitaux.

On ne peut pas vivre, en effet, sans se sentir pardonné et on ne peut pas vivre sans pardonner.

---

## Pour aller plus loin…

Vous connaissez sans doute ces divisions au sein d'une famille ou avec des amis, qui sont souvent les plus difficiles à gérer car elles portent en elles une part d'affectivité. Dans ces deux cas, nous sommes touchés au plus intime de nous-mêmes, et tout pardon semble impossible. Nous vous

proposons pourtant un chemin à ce qui humainement semble impossible.
Tournez-vous vers Dieu, et dites le plus souvent et le plus régulièrement possible : « Béni soit X dans le cœur de Dieu » (X étant la personne qui vous a blessé). Laissez-vous travailler par Dieu...

---

# Jour 36

Abba Évagre demanda à l'abbé Arsène : « Comment se fait-il que nous, qui avons lu tant de livres, n'avons pu acquérir une vertu, alors que ces rustres ont obtenu tant de vertus et de sciences ? » Abba Arsène répondit : « Nous, nous n'avons rien pu acquérir par notre science profane, mais eux ont appris la science des vertus par leurs propres labeurs. »

# Quelques mots pour la route…

Arrivés presque au terme de ce parcours, cette parole d'abba Arsène peut apparaître presque incongrue tant pour vous, lecteur, que pour moi, auteur de plusieurs ouvrages.

En effet, à écouter sa réponse à abba Évagre (deux « grands » Pères du désert !), la science contenue dans les livres n'est rien par rapport à celle qu'acquièrent celles et ceux qui pratiquent dans leur vie les vertus et dont cela constitue le labeur quotidien.

Cela voudrait-il dire que les livres lus ne servent à rien ? Bien sûr que non !

Mais cette parole d'abba Arsène nous invite à aller plus loin, et nous renvoie à ce que j'écrivais au début de cet ouvrage.

Ce qui compte, si nous souhaitons croître et grandir humainement et spirituellement à la suite du Christ, ce ne sont ni « les quelques mots pour la route… » qui ont chaque jour tenté d'ouvrir des pistes de réflexion, ni les « pour aller plus loin… », qui ont quant à eux essayé de rendre plus concret ce qui a été dit.

Ce qui est important, aujourd'hui comme hier, c'est la relation que vous avez pu tisser avec le Christ lui-même à travers ce que les Pères du désert ou Maurice Zundel ont pu vous dire et vous inspirer.

En fait, tout est cohérent, et nous retrouvons à travers abba Arsène l'esprit de ce parcours.

Dans le second Testament, en effet, saint Paul et saint Pierre nous disent tour à tour que le Christ s'est adapté à ses interlocuteurs. Ainsi, il s'est fait lait, légume ou viande en fonction des âges de notre vie spirituelle et des aliments que nous pouvons digérer. Il y a là un enseignement capital pour nous, pour nos communautés, pour l'Église.

Ce n'est pas aux autres à s'adapter à notre manière d'annoncer la foi. C'est à nous de nous adapter à la manière dont les autres sont susceptibles de recevoir la Bonne Nouvelle annoncée par Jésus-Christ. Quittons les grands discours et ne soyons pas prisonniers d'une manière de penser. Sachons accueillir l'autre dans sa différence. Ne succombons pas à la tentation de n'accepter que la différence qui nous ressemble.

Tout cela n'a rien de théorique et il ne s'agit pas pour moi d'exposer de grands principes. Cela se vit ou devrait se vivre au jour le jour dans un couple, entre amis, avec des voisins ou des collègues de travail, au sein même d'une communauté chrétienne.

J'écris volontairement « devrait » car tant mon activité de prêtre que celle de psychologue m'ont appris combien il était difficile de « vivre ensemble ». En effet, la psychologie des groupes nous apprend que dès que deux personnes sont ensemble, se jouent des phénomènes conscients ou inconscients.

Permettez-moi de donner quelques exemples :

– Dans votre relation avec l'autre, est-ce que vous acceptez que vos rapports soient des rapports de réciprocité ou êtes-vous dans la relation dominant/dominé ou dominé/dominant ?

– Dans quoi le groupe dont vous faites partie puise-t-il son unité, sa cohésion ? Dans les idéaux qui lient chaque membre du groupe ? Si c'est le cas, ces idéaux sont-ils renforcés par l'exclusion ou le dénigrement de ceux qui ne pensent pas comme lui ?

– Y a-t-il dans le groupe ou à l'extérieur du groupe un individu ou un groupe servant de bouc émissaire ?

– Avez-vous le sentiment que votre identité se trouve renforcée par une sorte d'identification à un membre du groupe ?

– Quelle est la place du « chef », du responsable au sein de ce groupe ?

D'autres questions peuvent encore surgir mais vous trouvez peut-être ces propos bien loin de la parole de sagesse d'abba Arsène. Détrompez-vous !

Nous sommes au contraire au cœur du sujet. C'est, en effet, au cœur de la vie que les Pères du désert puisent leur enseignement, leur expérience et leur capacité à nous transmettre des paroles de sagesse, pour nous qui avons les deux pieds posés sur le sol et le regard tourné vers le ciel.

C'est cette observation concrète du « phénomène humain » qui leur a permis de vivre de manière incarnée ce « vivre ensemble » dont je parlais plus haut.

C'est un appel à vivre « incarné » qui nous est lancé aujourd'hui, écoutons-le !

---

## Pour aller plus loin…

À quelques jours de la fin de notre parcours, commencez à dresser un bilan.
Chaque jour, avez-vous pris le temps avant de lire « quelques mots pour la route », de méditer, de digérer la parole qui vous était donnée ?
Si oui, pourquoi ? Sinon, pourquoi ?
Quels obstacles, quelles difficultés avez-vous pu rencontrer ? Avez-vous trouvé les moyens de les dépasser ? N'hésitez pas à demander de l'aide autour de vous.

---

# Jour 37

Un jeune moine était en train de laver une salade quand un frère l'aborda qui, voulant le mettre à l'épreuve, lui demanda :
« Sauras-tu répéter ce que l'ancien a dit sur l'Évangile de ce matin ?
– Je ne m'en souviens plus, avoua le jeune moine.
– Pourquoi donc écoutes-tu les paroles de l'ancien sur l'Évangile si tu ne te les rappelles plus ?
– Regarde, frère : l'eau qui lave la salade ne reste pas dans les feuilles et pourtant, ma salade est parfaitement lavée. »

# Quelques mots pour la route…

Enfant, j'avais l'habitude avec mon frère de taquiner mon père à notre retour de la messe. Il était, en effet, en général ravi de l'homélie qu'il avait entendue mais se montrait incapable de nous en restituer le contenu. Nous lui demandions alors, sans charité (!), à quoi cela servait d'aller à la messe, si quelques heures plus tard il avait oublié l'homélie et parfois même le sujet de l'Évangile. Calme et souriant, il nous répondait invariablement que cela n'avait pas d'importance, et que la messe était un moment fort de sa semaine.

Les enfants sont parfois cruels ! En effet, quelques années plus tard, j'ai pu mesurer l'injustice de mes propos lorsque jeune adulte, stressé par un travail très prenant, je n'arrivais pas à me souvenir de l'Évangile lu le matin même. Penaud, et me sentant un brin coupable, je me disais alors que cette messe n'avait servi à rien !

Vous comprendrez dès lors le soulagement éprouvé à la lecture de cette parole des Pères du désert.

En effet, ce court texte non seulement déculpabilise par rapport aux oublis possibles mentionnés plus haut, mais surtout il nous invite à comprendre qu'en nous existe un travail souterrain de la grâce, une véritable évangélisation des profondeurs. Pour nous en persuader, reprenons ce qui a été dit.

Cette parole des Pères du désert met en présence deux moines. L'un des deux est jeune et peu expérimenté tandis que l'autre, dont on ne connaît pas l'âge, semble être moine depuis plus longtemps. Je l'imagine, peut-être à tort, un peu prétentieux et très intellectuel. Cela ne va pas toujours de pair, me direz-vous, et vous avez raison… J'ai pu, en effet, constater que les personnes vraiment intelligentes sont en général plus simples que celles qui, orgueilleuses de leurs connaissances, nous en inondent… Bref, ce moine imbu de lui-même a pour projet de mettre son jeune frère en difficulté. Pour cela, il lui demande de répéter ce que l'ancien a dit sur l'Évangile lu le matin même. Face à son incapacité à répondre, le moine expérimenté conclut, un peu vite et à tort, que le jeune moine perd son temps…

Pourtant, ce dernier possède cette intelligence du cœur que l'on ne trouve pas dans les livres. Cette intelligence qui ne s'acquiert pas dans les universités ou dans les séminaires. Cette intelligence des choses qui permet de comprendre naturellement les situations et les êtres. C'est donc très sereinement, sans agressivité ni ironie, que ce jeune moine donne une leçon à son aîné.

En lisant cette parole, j'ai compris que, même si mon père ne se souvenait ni de l'Évangile ni de l'homélie, la Parole de Dieu qui nous transforme, nous lave et nous vivifie avait fait invisiblement son travail.

Dès lors, le sentiment de culpabilité qui avait pu m'habiter a disparu. J'ai compris que même si j'avais pu parfois, moi aussi, ne plus me souvenir de l'Évangile, ce n'était pas pour autant qu'aller à la messe n'avait servi à rien.

La grâce de Dieu était là. Elle avait fait lentement son travail, et c'est sans aucun doute grâce à elle que sa Parole avait résonné en moi avec autant de force.

Alors, si vous avez l'impression au fil des jours d'oublier les paroles des Pères du désert, d'oublier les paroles de Maurice Zundel, d'oublier les « quelques mots pour la route… » ou les indications « pour aller plus loin… », ne vous inquiétez pas.

Soyez persuadé que la Parole de Dieu, l'Esprit de Dieu travaillent au plus profond de vous jour et nuit, et que tous les efforts que vous avez pu fournir ne sont pas vains. Invisiblement, inconsciemment oserai-je dire, cette Parole, cet Esprit que rien ni personne ne peut contenir ou limiter travaillent en vous jour et nuit et vous transforment.

Cela ne se fera pas en un jour. Soyez patient…

---

## Pour aller plus loin…

Vous avez peut-être parfois l'impression d'oublier ce que vous avez lu la veille, d'oublier ce que vous avez entendu.
Avec ce jeune moine, vous avez découvert que les mots, les paroles transmises, quel qu'en soit le moyen, cheminent en vous de manière indicible. Laissez-vous faire…

---

# Jour 38

Un frère dit à abba Poemen : « Si je vois quelque chose, veux-tu que je le dise ? » Le vieillard lui dit : « Il est écrit : Pour celui qui répond avant d'écouter, sottise et honte ! Si tu es interrogé, parle ; sinon, tais-toi. »

# Quelques mots pour la route…

Tout au long de ce parcours, vous avez pu constater combien la sagesse des Pères du désert était incarnée. Leurs conseils nous touchent non seulement dans notre vie spirituelle, mais aussi dans notre vie quotidienne. Ainsi en est-il aujourd'hui de ce conseil d'abba Poemen.

J'ai, à plusieurs reprises, souligné combien nous vivions aujourd'hui dans une société marquée par l'immédiateté. La rapidité des communications n'est certainement pas étrangère à ce bouleversement. Un voisin architecte constatait ainsi récemment devant moi qu'avant ses clients lui adressaient des fax pour poser des questions. Cela lui donnait le temps de lire le fax, d'y réfléchir et de répondre après avoir collecté toutes les informations nécessaires. Aujourd'hui, disait-il, avec le téléphone portable, ses clients exigent de lui une réponse immédiate, n'acceptant que très mal qu'il leur propose de les rappeler après avoir pris le temps de la réflexion.

Une question surgit immédiatement : est-ce que réagir dans l'immédiateté est compatible avec le fait de penser ?

De même, prenant très souvent le train, je suis frappé de toutes ces personnes qui téléphonent à côté de vous, sans même vous demander si cela vous dérange. J'ai ainsi droit chaque lundi à la vie des uns et des autres, non pas dans ce qu'elle a d'essentiel, mais dans sa superficialité.

> « Je suis dans le train ! », « Il y a du monde », « Oui, j'ai passé une bonne soirée »…

Autant d'informations passionnantes qui auraient peut-être pu attendre quelques heures… Par contre, ces mêmes personnes ne prennent pas, la plupart du temps, la peine de vous saluer ou de vous dire quelques mots. Parler dans un téléphone n'est-il pas plus passionnant que de parler à des êtres de chair et de sang ?

Que dire des personnes avec qui vous parlez et qui d'un seul coup, prises d'une frénésie subite, plongent la main dans leur poche ou leur sac à main afin de répondre « immédiatement » à un appel ? Obligé de subir un troisième interlocuteur que vous ne voyez pas, il vous faut alors attendre patiemment que la conversation se termine…

Une autre question surgit alors : cette nouvelle forme de communication crée-t-elle du lien ? Ne dénoue-t-elle pas, au contraire, peu à peu les liens de personne à personne ?

Enfin, le summun fut à mes yeux atteint le jour où, lors d'un enterrement, deux personnes de la famille de la défunte assises au premier rang répondirent à un appel, envoyant un texto à trois mètres à peine du cercueil… J'avoue ne pas avoir été très aimable, leur déclarant que le monde pouvait très bien tourner sans elles pendant une heure.

Cette immédiateté à laquelle incite le téléphone portable ne nous fait-elle pas perdre certains jours le sens des priorités ?

Ne vous méprenez pas ! Je ne suis pas contre le progrès, et comme tout le monde j'ai un téléphone portable. Mais le progrès est fait pour l'homme et non l'homme pour le progrès !

C'est pourquoi, je pense que cette parole d'abba Poemen est très importante pour nous.

En effet, à force de vivre dans l'immédiateté, nous risquons de ne plus prendre le temps d'écouter réellement l'autre, et de répondre sans avoir pris le temps de l'écoute bienveillante ou de la réflexion.

Tenter d'appliquer ses conseils consiste à prendre du recul, sans céder à la tentation de l'immédiateté. L'enjeu est important car succomber à cette tentation nous invite à vivre de la même manière notre vie spirituelle. Certains sont ainsi parfois déçus, à la fin d'une célébration ou d'un temps de prière, de ne pas avoir ressenti « immédiatement » quelque chose…

La grâce agit dans le temps, et au risque de me répéter, il est capital de laisser du temps au temps.

Alors, prenons le temps de nous taire et de ne pas répondre à tout, tout de suite.

Maurice Zundel, qui avait peut-être lu abba Poemen, déclarait dans le même ordre d'idée : « Ne parle que si l'on t'interroge, mais vis de manière à ce que l'on t'interroge. »

Beau programme !

---

## Pour aller plus loin…

Parfois, être silencieux peut donner l'impression de ne pas être entendu, de ne pas être vu par l'autre. Ne dit-on pas couramment : « J'étais comme transparent ! Je faisais tapisserie ! J'avais l'impression de faire partie du décor. »
Pourtant, ce ne sont pas ceux qui font le plus de bruit qui méritent toujours le plus d'attention…
Alors, la prochaine fois que vous serez en groupe, que ce soit avec des amis, dans le cadre de votre paroisse, de votre communauté, soyez attentif à tous ceux et celles qui gardent le silence.
Peut-être ont-ils plus à vous apprendre que celles et ceux qui monopolisent toute l'attention.
Inversement, gardez le silence durant une réunion et observez ce qui se passe…

---

# Jour 39

## *Maurice Zundel a dit*[1]...

« Dieu, c'est quand on s'émerveille ».

Et vous, est-ce que vous vous émerveillez régulièrement ?

Si oui, de quoi ?

Sinon, pourquoi ?

« Un prêtre que je n'ai vu qu'une seule fois dans ma vie traversa, un matin, ma chambre à Neuilly, et me dit : "Dites-moi un mot que je puisse emporter en voyage." Et je lui dis : "Eh bien, que Dieu vous soit neuf chaque matin." Et il disparut, pressé qu'il était d'aller prendre son train. »

*Avant de continuer, prenez le temps de méditer cette pensée...*

« En effet, il est impossible de concevoir une religion vivante si Dieu n'est pas neuf chaque matin.

1. Maurice Zundel, « Dieu, c'est quand on s'émerveille », in *Ton visage, ma lumière*, *op. cit.*, p. 388-389.

Nous nous lassons du déjà-vu, nous éprouvons constamment le besoin d'un renouvellement, et un Amour qui chaque jour ne découvre pas dans le visage de l'être aimé un trait encore inaperçu est bientôt condamné à mort. »

*Avant de continuer, prenez le temps de méditer cette pensée…*

« L'essentiel est de recueillir. L'essentiel est d'écouter. L'essentiel est de s'émerveiller. Car, lorsqu'on s'émerveille, lorsqu'on admire, nécessairement on se quitte soi-même, on demeure suspendu à la Beauté de Dieu, on se réjouit de Sa présence, on se perd dans Son amour. »

*Avant de continuer, prenez le temps de méditer cette pensée…*

« Et c'est pourquoi, l'essentiel pour nous, pour chacun de nous, ce n'est pas tant de suivre telle ou telle démarche déjà connue, mais c'est, bien davantage, chaque jour de nous donner la possibilité de nous émerveiller. Si chaque jour, nous respirons pendant cinq ou dix minutes le silence où notre vie retrouve son origine, si chaque jour Dieu nous apparaît sous des traits absolument nouveaux, si chaque jour nous sommes promus, comme dit un grand poète, "à la dignité d'êtres admirants", alors

Dieu n'aura jamais pour nous ce visage du déjà-vu, qui nous lasse et nous ennuie. »

*Avant de continuer, prenez le temps de méditer cette pensée…*

*N'hésitez pas à relire ces pensées, puis à fermer les yeux pour les laisser résonner…*

# Quelques mots pour la route…

À écouter les uns ou les autres autour de moi, j'ai pu constater que pour nombre de personnes, le quotidien était considéré comme quelque chose de plutôt négatif.

> « Je suis englué dans le quotidien… » « Le quotidien m'ennuie », « Quotidien rime avec habitude, et je n'aime pas ce qui est habituel, seul l'extraordinaire me fait vivre… »
>
> *(Des témoins.)*

Il arrive, en effet, si l'on n'y prête pas attention, que le quotidien sépare peu à peu des êtres qui s'aiment. Parce que l'on a cru que tout était acquis et que l'on n'a pas vu l'autre changer, parce que la routine s'est installée, la passion des premiers jours se transforme alors en indifférence, voire parfois en une haine qui prend toute la place.

Le spirituel n'échappe pas à ce risque de lassitude qui, disons-le dès à présent, n'a pourtant rien d'inéluctable.

Les dimanches succèdent aux dimanches, les célébrations de Noël aux célébrations de Noël et le temps ordinaire semble parfois bien ordinaire…

Les textes d'Évangile eux-mêmes ne surprennent plus, car ils sont connus presque par cœur, ou du moins « on sait comment cela se termine ». Plus rien n'accroche, plus rien n'étonne…

Pour d'autres, au contraire, le quotidien constitue une source perpétuelle d'étonnement, et le moindre petit événement est occasion d'émerveillement.

> « Avant, je me plaignais qu'il ne m'arrivait rien. Maintenant, j'apprécie cette succession banale des jours, car justement, je ne trouve rien de banal. Une gorgée de bière, une rencontre, un sourire sont autant de moments de plaisir. »
>
> *(Un témoin.)*

Et vous, comment vous situez-vous ?

Est-ce que le quotidien vous étonne ou est-ce qu'il vous ennuie ?

Avez-vous l'impression de ne vivre vraiment qu'en vacances, le reste de l'année étant bien ordinaire ?

Si c'est le cas, reprenez les textes de Maurice Zundel et goûtez-les. Celui-ci nous invite, en effet, à regarder la vie, les événements, les personnes, Dieu avec émerveillement.

Il rejoint en cela le Dr Vittoz qui invitait dans sa méthode de psychothérapie, très en vogue dans les milieux catholiques[1], à « regarder comme un enfant au réveil ». En écrivant cela, le Dr Vittoz a peut-être été inspiré par le Christ lui-même qui nous invitait à devenir comme des enfants :

> « En vérité, je vous le déclare, si vous ne changez pas et ne devenez comme les enfants, non, vous n'entrerez pas dans le Royaume des Cieux. »
>
> *(Évangile selon saint Matthieu chapitre 18)*

Les enfants n'ont-ils pas, encore intacte, cette capacité à s'émerveiller, leur regard n'étant pas encore blasé ? Regardez les enfants devant les vitrines de Noël, leurs yeux brillent d'émerveillement.

Alors, oui, s'émerveiller c'est sortir de soi-même, c'est repousser au loin ces frontières qui peu à peu nous enferment, c'est dilater notre cœur à la dimension de Dieu.

Ne passez pas à côté, et chaque jour trouvez autour de vous une source d'émerveillement.

1. Quel dommage que certains organismes de formation aient perdu de vue la dimension spirituelle de l'enseignement du Dr Vittoz. En supprimant, celle-ci, ils ont réduit la méthode Vittoz a un ensemble de « recettes ». Demandez toujours à votre formateur Vittoz si sa formation et sa manière d'exercer prennent bien en compte cette dimension spirituelle.

# Jour 40[1]

1. Si vous lisez cet ouvrage durant le Carême, ce jour correspond au dimanche des Rameaux. Début de la semaine pascale, nous allons passer en quelques jours de la mort à la Résurrection. N'oublions jamais cette nouvelle naissance.

## *Maurice Zundel a dit*[1]*…*

« Ressuscité » ! Ce mot, nous l'employons beaucoup dans nos communautés chrétiennes, dans nos cérémonies. Mais que signifie-t-il pour nous ?

Ne concerne-t-il que le Christ ou concerne-t-il chacun d'entre nous, dès aujourd'hui ?

« Le monde est ressuscité ! Le monde chrétien est ce monde de gloire, le monde chrétien est ce monde transfiguré où resplendit une nouvelle dimension que perçoit le regard de la foi, qui n'est pas autre chose que le regard du cœur, le regard de l'amour. »

*Avant de continuer, prenez le temps de méditer cette pensée…*

« Dieu jamais ne va nous soustraire à la contemplation de l'univers. Jamais Dieu ne va nous interdire

1. Maurice Zundel, « Le monde chrétien est un monde ressuscité », in *Ton visage, ma lumière*, *op. cit.*, p. 267-270.

quoi que ce soit ! Il nous jette dans l'immensité de son œuvre, il nous jette dans la merveilleuse symphonie où tout s'accorde, où tout s'unifie, où tout conduit au même centre que chaque réalité répercute et révèle à sa manière. »

*Avant de continuer, prenez le temps de méditer cette pensée…*

« Dieu, le vrai Dieu, est une possibilité contenue dans chacune de nos vies, une possibilité contenue ou plutôt remise et confiée à notre amour. Et qu'est-ce que la vie sinon, finalement, l'enfantement de Dieu ? Oui, c'est cela, nous n'aurons pas autre chose à faire ici-bas en actualisant, en réalisant tous ces possibles infinis, que d'exprimer Dieu, que de L'incarner, que de Lui donner en nous et en tout être, et en toute réalité, une nouvelle naissance. »

*Avant de continuer, prenez le temps de méditer cette pensée*

« On ne comprend rien à la sainteté chrétienne si on ne l'envisage pas sous cet aspect. Une découverte, une création, une liberté, une plénitude, un accomplissement, dans ce monde qui commence aujourd'hui, et qui a son origine, justement, au plus profond de notre cœur, dans ce regard tout neuf que la foi nous donne de jeter sur un monde ressuscité ; ce monde que célébrait saint Ambroise dans ces mots magnifiques et inépuisables : “En Lui, le monde est ressuscité, en Lui le ciel est ressuscité, en Lui, la terre est ressuscitée.” »

*Avant de continuer, prenez le temps de méditer cette pensée…*

*N’hésitez pas à relire ces pensées, puis à fermer les yeux pour les laisser résonner…*

# Quelques mots pour la route...

Si l'on s'en tient à la définition du dictionnaire, le mot ressusciter signifie « revenir à la vie ». Mais si l'on prend un dictionnaire grec biblique – car, rappelons-le, c'est en grec qu'ont été écrits tous les livres du Nouveau Testament –, le mot est beaucoup plus riche de sens. Il signifie, en effet, aussi « éveiller, réveiller, s'éveiller, faire se lever, mettre sur pied, dresser ». Le mot « résurrection » signifiant aussi « réveil ».

Dès lors, le texte de Maurice Zundel prend toute sa saveur et peut être dégusté comme il se doit. Et on comprend mieux que saint Paul écrive dans l'une de ses lettres : « Nous sommes déjà ressuscités. »

Oui, le Christ nous a réveillés de notre tombeau.

Lequel ? Celui de l'égoïsme, de l'envie, de la jalousie, de tout ce qui nous sépare de Dieu, des autres et nous enferme, entravant notre croissance humaine et spirituelle.

Contrairement à ce que continuent de croire certains philosophes, Dieu n'a jamais voulu faire de nous des « rampants ». Il n'a jamais voulu nous dominer.

Au contraire, Dieu n'a eu de cesse qu'il nous relève afin de nous hisser là où il est.

Mais alors, me direz-vous immédiatement, pourquoi tant de haine dans le monde ?

Pourquoi avons-nous tant de mal à vivre et à faire l'unité de notre vie ?

Pourquoi ne faisons-nous pas le bien que nous voudrions faire ?

Pourquoi faisons-nous le mal que nous ne voulons pas ?

Sans doute parce que l'Homme, tout Homme, vous, moi, n'avons pas encore complètement intégré que pour être vraiment nous-mêmes, pour être libres par rapport à tout ce qui nous enferme, il nous faut comprendre que nous devons honorer toutes les dimensions de notre être, c'est-à-dire notre dimension humaine et notre dimension céleste.

Hommes nous le sommes, les deux pieds bien posés sur le sol. Cette dimension, nous avons à l'assumer dans ce qu'elle a de plus beau mais aussi de plus tragique. Mais au fond de chaque Homme, au fond de chacun d'entre nous, se trouve comme scellée cette dimension céleste, qui nous porte à regarder plus loin de nous-mêmes.

Ressuscités, nous le sommes déjà. Mais nous ne pouvons le vivre totalement que si, chaque jour, comme Marie, nous disons « oui » à Dieu.

Ressuscités, nous le sommes déjà. Mais nous ne pouvons le vivre totalement que si chaque jour, inlassablement, car cela n'est jamais acquis ni définitif, nous mettons nos pas dans les pas de Dieu, lui demandant de nous guider, mais aussi de nous accompagner.

Ressuscités, nous le sommes déjà. Mais nous ne pouvons le vivre totalement que si nous laissons l'Esprit-Saint reçu au baptême travailler au plus profond de notre être et transfigurer chaque parcelle de notre être.

Il en va de notre devenir, mais aussi de celui du monde, car si c'est par le Christ que le monde est ressuscité, il a voulu que nous en soyons les témoins tout au long des époques.

Alors ne perdons pas de temps !

# POUR NE PAS CONCLURE...

Conclure, ce serait clore, alors que tout demeure ouvert.

Le christianisme, c'est cette espérance dans l'avenir, le nôtre et celui du monde.

Le christianisme, c'est cette foi en l'Homme qui nous pousse à ne jamais fermer les portes.

Le christianisme, c'est cette foi en un Dieu qui s'est fait Homme pour nous en montrer toute la grandeur.

Le christianisme, c'est cet enfantement que nous avons à poursuivre tout au long de notre existence. Enfantement de nous-mêmes et enfantement de Dieu, qui s'est fait dépendant de l'Homme en acceptant de naître parmi nous, totalement vulnérable.

Dès lors, nous comprenons mieux que la transformation du monde ne peut venir que de notre propre transformation.

En effet, et comme le disait Angelus Silesius au XVIIe siècle : « Le Christ serait né mille fois à Bethléem, s'il ne naît pas dans ton cœur cela ne sert à rien. »

Ces quarante jours ont eu pour objectif de nous aider à croître et grandir à la lumière du Christ.

Cette lumière est capitale pour nous, mais nous en sommes les passeurs.

Sachons en témoigner auprès de celles et ceux qui nous entourent, non pas tant par ce que nous faisons, mais plus par ce que nous sommes appelés à être…

## TABLEAU RÉCAPITULATIF DES TEXTES

| | |
|---|---|
| **1 mercredi des Cendres*** | Abba Poemen a dit : « Il y a une voix qui crie à l'homme jusqu'à son dernier souffle : "Aujourd'hui, convertis-toi !" » |
| **2** | Les anciens ont dit : « Si tu vois un jeune homme monter au ciel par sa propre volonté, saisis-lui le pied et rejette-le par terre, car cela ne lui vaut rien. » |
| **3** | Abba Arsène, alors qu'il était encore au palais, priait Dieu en disant : « Seigneur, conduis-moi de façon que je sois sauvé. » Et une voix lui vint qui disait : « Arsène, fuis les hommes et tu seras sauvé. » |

*Si ce livre est lu en période de Carême.

| | |
|---|---|
| **4 samedi*** | « Il y a une opposition souvent radicale entre le *faire* et l'*être*. On agit et on s'agite, on se dépense, et l'on croit se dévouer – et *on n'existe pas…* *(Maurice Zundel.)* |
| **5 dimanche*** | « On demanda un jour à un grand physicien français : "Croyez-vous en Dieu ?" À quoi il répondit : "Et vous, croyez-vous en l'homme ?" » *(Maurice Zundel.)* |
| **6** | « Où que tu ailles, aie toujours Dieu devant les yeux, quoi que tu fasses, aie le témoignage des Saintes Écritures, et en quelque lieu que tu te tiennes, n'en bouge pas facilement. » |
| **7** | Abba Moïse a dit : « Va, reste dans ta cellule et ta cellule t'enseignera tout. » |
| **8** | Abba Poemen a dit : « En tout ce que tu fais, prends conseil, car il est écrit : "Agir sans conseil est de la folie." » |
| **9** | Abba Sisoés a dit : « Cherche Dieu et ne cherche pas où il habite. » |
| **10** | Un ancien a dit : « L'homme qui a toujours la mort sous les yeux triomphe du découragement. » |

| | |
|---|---|
| **11 samedi*** | « Il n'y a pas de liens qui puissent se comparer avec les liens qui unissent un enfant à sa mère. Les études de psychanalyse montrent, avec évidence, que cette influence de la mère est à la fois unique, irremplaçable, éternelle. » *(Maurice Zundel.)* |
| **12 dimanche*** | « Il n'y a pas de morale chrétienne. Il y a une mystique chrétienne. L'immense majorité des chrétiens ne s'en sont pas aperçus… Dans le Christ, il n'y a pas de loi. Dans le Christ commence un régime nouveau, le régime de la grâce qui est le régime de la liberté, qui est le régime de l'amour. » *(Maurice Zundel.)* |
| **13** | Un ancien disait : « Ne fais rien sans prière, et tu n'auras pas de regret. » |
| **14** | Abba Yohan a dit : « Ce n'est pas ce que nous mangeons qui nous nourrit, mais ce que nous digérons. Ce n'est pas la foi que nous professons qui nous sanctifie, mais celle que nous mettons en pratique. » |
| **15** | Abba Macaire a dit : « Quand j'étais enfant, je faisais paître les veaux avec |

| | |
|---|---|
| | les autres garçons, et ils allèrent voler des figues. Or, tandis qu'ils déguerpissaient l'une d'elles tomba ; je la pris et je la mangeai. Et quand je me rappelle cela, je m'assois en pleurant. » |
| **16** | « Il y a un homme qui paraît se taire et son cœur condamne les autres ; un tel homme parle sans cesse. Au contraire, il en est un autre qui parle du matin au soir, et qui pourtant garde le silence, parce qu'il ne dit rien qui ait une utilité spirituelle. » |
| **17** | Abba Arsène a dit : « De toute ta force, lutte pour que ton activité intérieure soit selon Dieu, et tu vaincras les passions extérieures. » |
| **18 samedi*** | « Le Bien est quelqu'un à aimer. Ce n'est pas quelque chose à faire : c'est quelqu'un à aimer… C'est parce que Dieu est ce qu'Il est, c'est parce qu'Il est tout Amour, c'est parce qu'Il est suprême désappropriation […] que le Bien est quelqu'un à aimer, et non d'abord quelque chose à faire. » *(Maurice Zundel.)* |

| | |
|---|---|
| **19 dimanche*** | « Dieu est tout Amour, Il n'est qu'Amour ! Il ne touche que par sa tendresse, Il ne veut pas nous soumettre, Il n'est pas un maître, Il n'est pas un dictateur, Il n'est pas un despote, Il n'est pas un souverain ! Il est l'Amour que nous ne pouvons atteindre que par notre amour, dans cette réciprocité qui constitue le sens de nos rapports avec Lui. » *(Maurice Zundel.)* |
| **20** | Abba Antoine a dit : « Un temps vient où les hommes seront fous et quand ils verront quelqu'un qui n'est pas fou, ils s'insurgeront contre lui, disant : "Tu es fou", parce qu'il n'est pas comme eux. » |
| **21** | Un ancien disait : « L'abeille, partout où elle va, fait du miel… » |
| **22** | On disait d'abba Isodore que quand un frère venait chez lui, il s'enfuyait au fin fond de la cellule. Et les frères lui disaient : « Abba, qu'est-ce que tu fais ? » Il répondait : « Les bêtes sauvages aussi, en fuyant dans leur gîte, sont sauvées. » Or, il disait cela pour le profit de tous. |

| | |
|---|---|
| **23** | Un ancien a dit : « Levé au petit matin, dis-toi : “Corps, travaille pour te nourrir ; âme, sois vigilante pour obtenir l’héritage.” » |
| **24** | Abba Antoine a dit : « Du prochain vient la vie ou la mort. En effet, si nous gagnons notre frère, nous gagnons Dieu ; mais si nous scandalisons notre frère nous péchons contre le Christ. » |
| **25**<br>**samedi*** | « On a écrit des tonnes de discours, on a fait des études monumentales pour prouver la vérité du christianisme, et le monde n’en a pas été beaucoup transformé parce que, justement, on a oublié l’essentiel. On a perdu de vue ce qu’il y a de plus mordant dans l’Évangile, ce qui s’insère en pleine vie, ce qui nous touche au fond du cœur, ce qui atteint les assises mêmes de notre sensibilité. On a oublié, ou on n’a pas reconnu, ou on n’a jamais compris que le christianisme était à un degré unique la religion de l’homme. » *(Maurice Zundel.)* |

| | |
|---|---|
| **26 dimanche*** | « Et tout est là, en chrétienté : le Bien, c'est une vie de Jésus en nous. Le Bien, c'est Le saisir, le Christ, dans notre pensée, dans notre volonté, dans notre cœur, dans notre sensibilité, dans toutes les fibres de notre être. Le Bien, c'est Quelqu'un, c'est Quelqu'un à aimer, c'est Quelqu'un qui vit en nous, c'est Quelqu'un qui se confie à nous. » *(Maurice Zundel.)* |
| **27** | Un ancien disait : « En quelque lieu que l'on se trouve, si l'on décide de faire quelque chose de bien et qu'on ne le peut, on ne doit pas croire qu'on pourra le faire ailleurs. » |
| **28** | Abba Mattoés déclare : « Celui qui demeure avec des frères ne doit pas être anguleux mais sphérique… » |
| **29** | Abba Antoine a dit : « Celui qui va battre le fer réfléchit d'abord sur ce qu'il doit fabriquer : faux, épée ou hache. De même, nous aussi, nous devons examiner quelle vertu nous voulons acquérir, pour ne pas peiner en vain. » |

| | |
|---|---|
| **30** | Abba Antoine a dit : « Quiconque n'a pas été tenté ne pourra entrer dans le Royaume des Cieux. Il est dit en effet : "Supprime les tentations, et pas un n'est sauvé." » |
| **31** | Abba Pambo a dit : « Si tu as du cœur, tu peux être sauvé. » |
| **32 samedi*** | « Jésus a pris la vie, Il l'a glorifiée, Il l'a transfigurée, Il lui a donné une dimension infinie, afin que nous puissions la vivre avec un émerveillement continuel et une passion infinie. » *(Maurice Zundel.)* |
| **33 dimanche*** | « "Tu étais dedans, c'est moi qui étais dehors" (saint Augustin). Cela veut dire, dans les termes les plus parfaits, que la vie chrétienne est une vie ici, maintenant ! que l'au-delà dont on parle tant, c'est un au-dedans, un au-dedans ! Cet au-delà, c'est un au-delà de nos passions désordonnées, mais c'est un au-dedans, un immense espace de lumière qui s'ouvre au-dedans de nous, où notre liberté respire dans un dialogue de vie avec le Dieu Vivant. » *(Maurice Zundel.)* |

| | |
|---|---|
| **34** | Abba Paul le Grand a dit : « Je suis dans un bourbier enfoncé jusqu'au cou, et je pleure devant Dieu en disant : "Aie pitié de moi." » |
| **35** | Un ancien a dit : « L'humilité, c'est de pardonner au frère qui t'a offensé, avant même qu'il ne vienne te demander pardon. » |
| **36** | Abba Évagre demanda à abba Arsène : « Comment se fait-il que nous, qui avons lu tant de livres, n'avons pu acquérir une vertu, alors que ces rustres ont obtenu tant de vertus et de sciences ? » Abba Arsène répondit : « Nous, nous n'avons rien pu acquérir par notre science profane, mais eux ont appris la science des vertus par leurs propres labeurs. » |
| **37** | Un jeune moine était en train de laver une salade quand un frère l'aborda qui, voulant le mettre à l'épreuve, lui demanda :<br>« Sauras-tu répéter ce que l'ancien a dit sur l'Évangile de ce matin ?<br>– Je ne m'en souviens plus, avoua le jeune moine. |

| | |
|---|---|
| | – Pourquoi donc écoutes-tu les paroles de l'ancien sur l'Évangile si tu ne te les rappelles plus ?<br>– Regarde, frère : l'eau qui lave la salade ne reste pas dans les feuilles, et pourtant, ma salade est parfaitement lavée. » |
| **38** | Un frère dit à abba Poemen : « Si je vois quelque chose, veux-tu que je le dise ? » Le vieillard lui dit : « Il est écrit : pour celui qui répond avant d'écouter, sottise et honte ! Si tu es interrogé, parle ; sinon, tais-toi. » |
| **39**<br>**samedi*** | « Un prêtre que je n'ai vu qu'une seule fois dans ma vie traversa, un matin, ma chambre à Neuilly, et me dit : "Dites-moi un mot que je puisse emporter en voyage." Et je lui dis : "Eh bien, que Dieu vous soit neuf chaque matin." Et il disparut, pressé qu'il était d'aller prendre son train. » *(Maurice Zundel.)* |
| **40**<br>**dimanche*** | « Le monde est ressuscité ! Le monde chrétien est ce monde de gloire, le monde chrétien est ce monde transfiguré où resplendit une nouvelle |

| | |
|---|---|
| | dimension que perçoit le regard de la foi, qui n'est pas autre chose que le regard du cœur, le regard de l'amour. » *(Maurice Zundel.)* |

# TABLE

DES MÊMES AUTEURS

Talitha Koum !
Éveille la source qui est en toi
*Desclée de Brouwer, 2001*

Deviens ce que tu es
Retrouver la confiance en soi
*Le Passeur, 2013*

DU PÈRE PATRICE GOURRIER

Il faut sauver Noël !
*Desclée de Brouwer, 2002*

40 jours pour faire fondre nos graisses spirituelles
*Desclée de Brouwer, 2002*

J'ai choisi d'être prêtre
Un autre regard sur le monde
*Flammarion, 2003*

Huit jours pour reprendre souffle
*Prier, 2003*

Huit jours pour habiter son corps
*Prier, 2004*

Lettre ouverte au prochain pape
Face aux barbaries modernes, insouciance ou devoir de révolte ?
*Flammarion, 2005*

Huit jours pour dire Notre Père
*Prier, 2006*

Parlez-nous d'amour
*(avec Brigitte Lahaie)*
*Flammarion, 2007*

Alcoolisme, dépression, un autre regard
*Desclée de Brouwer, 2009*

« "Déjà là et pas encore" et insight »
*in* Le Réel
*(Martin Mattera et al.)*
*Desclée de Brouwer, 2009*

Le dimanche, c'est sacré !
Jour de Dieu, Jour de l'Homme
*Desclée de Brouwer, 2009*

Curé qui es-tu ?
Plaidoyer pour un nouveau visage du prêtre
*Presses de la Renaissance, 2010*

Abba, dis-moi une parole
Un prêtre psychologue répond à vos questions
*Éditions Salvator, 2012*

Le jour où ma vie a basculé
*Le Passeur, 2014*

Ne parlez pas de miséricorde, vivez-la !
*Médiaspaul, 2016*

« Pour un cœur à cœur avec le divin »
*in* Venez méditer avec nous
*(Christophe André et al.)*
*Odile Jacob, 2017*

RÉALISATION : NORD COMPO À VILLENEUVE- D'ASCQ
IMPRESSION : MAURY IMPRIMEUR À MALESHERBES (45)
DÉPÔT LÉGAL : FÉVRIER 2018 - N° 137489 (223786)
IMPRIMÉ EN FRANCE

ÉGALEMENT DANS LA COLLECTION

POINTS VIVRE

## L'amour sauvera le monde

### Mes plus belles pages chrétiennes

**Michael Lonsdale**

À l'âge de 40 ans, le comédien Michael Lonsdale s'est converti au christianisme. Plusieurs dizaines d'années plus tard, il décrit dans ce livre magnifique ce qui constitue le socle de sa foi et propose un choix très personnel de textes, parmi les plus beaux de l'histoire littéraire et religieuse. De saint Augustin à sœur Emmanuelle, de saint François d'Assise à Christian de Chergé, il donne à lire les prières de saints, de moines, de poètes, de croyants prestigieux, qui l'ont accompagné dans tout son parcours spirituel. Un livre qui résonne avec la quête spirituelle de l'homme contemporain.

Né en 1931, **Michael Lonsdale**, comédien de théâtre et de cinéma ayant travaillé sous la direction des plus grands, a interprété frère Luc dans *Des hommes et des dieux*, le film de Xavier Beauvois.

ÉGALEMENT DANS LA COLLECTION

POINTS VIVRE

# Le jardinier de Tibhirine

## Jean-Marie Lassausse et Christophe Henning

**Une expérience en « terre des autres »**

En 2001, le père Jean-Marie Lassausse est appelé pour prendre en charge le monastère de Tibhirine. Le but est de faire vivre le lieu dans lequel ont été plantés deux mille arbres fruitiers après l'assassinat des sept moines. L'espérance, et cette vie que les moines ont donnée, refleurit. « Modestement, à ma manière, je participe à leur promesse de rester. »

**Jean-Marie Lassausse**, prêtre de la Mission de France et agronome, a été chargé par l'archevêque d'Alger d'entretenir les cultures de l'abbaye.
**Christophe Henning** est journaliste et couvre depuis 1996 l'actualité concernant le drame de Tibhirine. Il a publié plusieurs livres à ce sujet.

*Prix de littérature religieuse 2011*

ÉGALEMENT DANS LA COLLECTION

POINTS
VIVRE

## L'Évangélisation des profondeurs

Un chemin vers l'unité intérieure

**Simone Pacot**

**Accomplir son chemin de vie**

Beaucoup ne savent comment relier leur réalité psychologique à leur vie spirituelle. Est-il possible de vivre en chrétien différents états de notre vie émotionnelle, comme la peur, la honte, la souffrance?
Chemin d'unité de l'être, *L'Évangélisation des profondeurs* invite à se mettre à l'écoute de ce que dit la Parole de Dieu à chacun. De façon très concrète, le lecteur y apprend comment la grâce du Dieu trinitaire peut revivifier son humanité dans toutes les parts de son être.

Femme de foi, **Simone Pacot** a d'abord été avocate au barreau de Paris. Elle a cofondé, avec une équipe œcuménique, l'association Bethasda qui propose des sessions sur l'évangélisation des profondeurs; on y apprend à vivre une articulation entre les dimensions corporelle, psychologique et spirituelle.
*L'Évangélisation des profondeurs* est le premier titre d'une trilogie qui a déjà touché un très large public.

ÉGALEMENT DANS LA COLLECTION

POINTS VIVRE

# Faire la paix avec soi

## 365 méditations quotidiennes

**Etty Hillesum**

**Un peu de sagesse pour chaque jour**

La publication des écrits d'Etty Hillesum aura, sans aucun doute, compté parmi les événements littéraires les plus marquants de notre époque. Maître de sagesse et de résistance intérieure, elle est une compagne précieuse pour un travail sur soi au quotidien.
Les phrases de ce calendrier perpétuel sont extraites d'*Une vie bouleversée*, son journal. Chaque jour, des mots s'élèvent, comme on ouvre, sans cesse surpris et émerveillé, une boîte à papillons.

Entre 1941 et 1943, **Etty Hillesum**, une jeune Hollandaise, a tenu tête au mal en s'approchant du silence intérieur. Morte à Auschwitz le 30 novembre 1943, elle a laissé derrière elle onze petits cahiers à spirale et des centaines de lettres. Publiés quarante ans après sa mort, ils constituent son inoubliable et unique œuvre.